超絶手抜きなのに
家族がどハマり！

奇跡のレンジおかず

まゆこ

202

KADOKAWA

はじめに ── 私が料理にハマるまで ──

「私は食べることが大好き」
　身近な家族や友人に言ったら全員納得してくれると思います。

　こんにちは。 Instagramなどで"火を使わない簡単おかずレシピ"を発信している
まゆこです。私は調理の専門学校を卒業後、そのまま就職し管理栄養士の資格を取り、
出産をするまでずっとこの業界一筋で働いてきました。

　そう言うと「元々料理が好きだったんだね」とよく言われるけれど、実は全然そ
んなことはなくて、どちらかというと苦手意識の方が強かったと思います。実家で
暮らしていたときも料理は母任せで私がすることはほとんどなかったし、学生時代
のお弁当も毎日母に作ってもらっていました。

　それでも栄養士の道に進もうと決めたのは、食べることが好きだったから。「たっ
たこれだけでよくここまで続けてこられたな」と自分でも感心するけれど、就職し
てからは本当に過酷で、真夏のエアコンの効かない厨房で汗だくになりながら数百
人分の食事を作ったり、始発で出勤して終電で帰ってくる生活が続き、しまいには
職場に寝泊まりしていた時期も。料理人にはバカにされケンカすることもたびたび
ありました。

　ですが、たくさん経験を積む中で、料理の新たな知識や可能性を発見し、そのた
びに少しずつその魅力に惹かれていきました。そして気が付いたのは、「料理って思
っていたよりずっと自由でいいんだ」ということ。セオリーはあるけれど、そこか
ら外れたって構わない。自分と食べてくれる目の前の人が笑顔になるのなら。そこ
から自分なりの工夫やアイデアを取り入れるようになり、初めて料理が楽しいと思
えるようになりました。

　そんな長年の経験で得た、料理の裏ワザや工夫が、私のレシピには詰まっています。
私自身ママという立場なので、時短なのに手抜きに見せず、家族も大満足のものば
かりです。仕事や家事、育児で忙しい毎日をがんばっている人が、この本でほんの
少しでも気楽になってもらえたら嬉しく思います。

まゆこ

皆さまからのお声

今回の出版に際し、Instagramをご覧になっている方々からレシピに対するコメントを集めました。掲載しきれなかったものも含め、全てのコメントを今後のレシピ開発の参考にさせていただきます。ご協力くださった方、本当にありがとうございます！

時間がないときに真っ先に参考にするレシピがまゆこさんです！いつもありがとうございます

時短で洗い物も最小限、手軽に出来るのにヘルシーで美味しいときてる、そんなレシピがいっぱい有ります。

時短はもちろん、手のかかりそうなお料理もレンジだけでこんなに美味しく作れるんだといつも感動しています。

レンジで手軽に安定の味付けや食感でいつも感心しきりです。レンジ料理の概念が変わりました。

おうちにあるもので、いつもおいしい簡単レシピ♪家族もまゆこさんレシピがだいすきで何度も作っています！

いつもほんと参考にさせてもらってます。どうしたらこんな発想ができるのか…美味しすぎて家族も大絶賛です。

レンジでできて簡単美味しいヘルシーの三拍子！同僚にも勧め「今日のご飯ゆこにするわ」なんて会話も（笑）

レンジで簡単にできるものばかりであと1品欲しいけど面倒な時に重宝しています！

忙しくても、疲れていても、美味しいご飯を作ってあげたい。そんな望みを叶えてくれる素敵なレシピです。

材料も調味料もだいたい家に常備してある物で、混ぜてチンだけなのに、マジか？ってくらい美味しく出来る。

普段使いの調味料でOK！美味しい上に後片づけも簡単で、気付くとまゆこさんのレシピばかり作っています。

どこにでもある食材で、パパッとしかもレンジ料理。幸せのおすそ分けをいただきます！！

共働き家庭なので遅い時間の帰宅でもササっと作れて美味しいレシピにいつも助かってます(^-^)

分かりやすい調理工程と食材の加熱具合にむらがないことに驚きました。何より、味付けが最高です！

チンするだけで、簡単楽ちん栄養満点！好みの味付けでかなりヘビロテさせて頂いてます。

『わたしにもできるかも…！』キッチン使う抵抗、火も抵抗アリな私でも大丈夫かも？と参考にしてます！

料理下手な私でも、作る気を起こしてくれるレシピなので、毎回楽しみにしてます。

料理が苦手で赤ちゃんのことを気にしながらキッチンに立つことがストレスでしたが、生活が激変しました！

簡単で美味しいレシピばかりで、家族にも好評でリピートして作ってるレシピが多いです。

献立に困ったらいちばん最初にまゆこさんのレシピから探します。本当に助かってます！！

≪ Special Thanks（敬称略）≫

mi__mi__suke&ゆうちん(CNK)、けいちゃん、きゃなこ、mikan_usa_usa、蒼&希蒼ママ、sayuri1752、イトオトママ、チビママ、miki.ksymm、azuuuuusa2828、みなぞう、あやめ、moe、ミカママ、はちママさん、るぅ、@wolfm_wolfm、miyotti3、tomatomatomato2021、?Junko-T?、みったろ、ももすけ、かか、のり巻きアラレ、ちゃめ、ko.mu.min、くるみん、あおい、ri7_k、なな、つきさく、matchy39、りんりん、満有子、MIHO、ユッキー、maaa3.31、Instagram アカウント名@misokoro、中田響子、BunMiti:)、tottokoyukiko_kst、nana、@tortoise_hare、まりりん、どらみ、m.hjr1307、あっちぽん、@_anju.i、みやこはなっせい、由、ニケ、ina、ちゃんこ、まいまい、おさとう(@osatou.channel)、あおこはママ、きみこ、mari_m、Rui、まーさん&Reezoo、ryo、有加、おから、うっちー、あさぎ、Sophia、ゆうひの母、りんりりん、くるみ、みさ、shiori299、優香ママ、Hide and mam、kmao_home、ゆつ、megu、ゆーちゃん、makuwauri、kurokurokuro_9696、なお、タロジロ、あおのりさん、あーちゃん母、かなえもん、にっち、奏ママ、ぽんぷに母ちゃん、おーね、きみくゃ、POMU@DECO、春奈、ルウカ、へこ、かおり、莉紗◯ママ、しん、こんそめ、KAORI、こむぎ、みーちゃん、@mayuko317、ちょこら、リー、MIKI、山キョン、sanaやん、おたべ、ASK、4410YURIKA、さっぴーちゃん、mitsuko-t、ゆり、junko_hinako_cocoro、ぴっけ、yuurimori、こばやし、inari、yuzubou、えみえみ、あいざわ、有花、みゆとわマミー、おむおむ、桃金魚、もうすぐ2児の母、ゆめこ、クローバー、ゆっきー☆、しんのすけ、きなこ、夕夏梨、くろまめばんぴ、りりい、しみ、てんこ、44d、ミカン、kedama、そらない。、rumi.mori、リーたろう、めいママ、ごろざぶ、ちっちゃん、なるたけ、mizuho、はなかっぱ、アカネコ、腹ペコじゅんこ、megoozu、るみちゃん、yoshie.n、chihiro.aa、晴、ポッキーママ、佐伯理佳、かやりん、yurinko_KF、レモンユーカリ、いがこ、のんママ、Noriko24、にこ、新井奈保美、はいね、古賀直子、ゆうこむ、so-dinosaur、naco75、くまたぬ、みー、alohinani、ぐーたらぼっけ、ともたん、のぶりん、Jay-ymtfam、井口康子、ゆーこ、カズマママ♪、ぽんず、りほ、ちろる、まき、yuka、71.megumi、らむ、pocolalaluke、もこりー、yoshimi sho、とまとまる、シンデレラ、愛ドリ－29?、miyako96da、やいこ、saaya、まぁちゃん、ぴきにに、mogu.828、saya、さえこ、ウハネ、ゆうみうママ、吉房和美、上中 亜美(うえなか あみ)、@ _____a_mm06、あみぃ、あわ、soramame_yuzupan、ShiohonoSammy、kimiko_0024、タサキン、にゃん太、はなちゃん、ねこ時々ワン、のんさ、makakomama、タカコ、みかぷん、くまんち、ちょん、jun.aloha23、黒鯛、ヌヌ、ちび恐竜たちのママ、masasizuineyo、3姉妹ママ、yukitchen、ひかり、Momo、たかおり、sat0mi3103、ゆーみん、こっぺぱん、3intlily、@chi111111、pink、ハムトピア、サラ、なつ、りえ、まち、まきとも、samanthaskitchen、sou、のぞみ、miffy.0912、corgi_komugi721、ききらら☆、なあこ、parsley、Chocopan52、midsky180sx、まめ、mai.1011、ねこ、さるかり、ヒロコ、たうたう、mify620、con_tutta_forza、ララポブ、shiromi0902、バンナ、インスタ huku1833、多鶴台14、ymmym1029、ゆい、よびこ、★sakura★、16._____a、まさねこ、かずちゃん、おっちゃん、chica、リサ、やさい、はるのさくら、あい、あゆ吉、Ryoko、サリー、joon、ゆみちゃんさん、絢、ホッケーぱあば、mikipoa、マロンの母、hii、masarie、mijun1210、Yu、れんれん、yoshiko445_445、かなかなこ、バルミューダレンジ、まいまい、あゆ、ゆ?みん、yokoharu_3118、まゆ。、@8_oudon うどん、よっちゃん、にった、ぼりひろ、misamasa、さーちゃん、はこちゃん、まいこ、サオコ、のんすけ、ぴーちゃん、kana_days.kna、RIE、ririko、haru_dietitian、パープルアイ、ハムめぐちゃん、tomo、お京どす、まゆぴ、さわたか、あらら、かおりん、ふぃあっと、miiigo65、菊ちゃん、けっこ、☆Lou-chan056☆、Kayoko??、nagi、uk71、me-chan522、ネコバス、_yui208_、舞華、のの、Yuki、maki_nnnn、neco_127、喜納ちゃも、あやラクめし(@aya_rakumeshi)、おこめ(@okome_kitchen)、ようへい(@yohei1986_gram)、杉山家の皆さん、山田家の皆さん、Naoki&Hina

レンジは忙しい私を救う 奇跡の装置!!

助かる

時間に余裕ができる!

電子レンジは食材の水分を振動させ内部から温めるので、フライパンや鍋より加熱時間が大幅短縮。また、"ピッ"とスイッチさえ押せばあとはほったらかし。並行してほかのことができるし、小さい子どもがいるママには、手が離せるのはありがたい!

助かる

THE・カンタン!

材料の計量と加熱時間さえ守れば、難しい火加減の調節は不要だから、失敗しにくい。疲れて集中力がイマイチの日でも、おいしいおかずができあがり。面倒な作りおきのハードルも下がり量産可能! 献立にももう悩みません。

助かる

洗い物がラク!

調理器具は耐熱容器だけ。重い鍋やフライパンを洗ったり、こびりついた焦げや油汚れの悩みとはおさらば! これで、食後の片付けのストレスも軽減。

助かる

どハマりのおいしさ!

電子レンジなら、素材のうまみを引き出し、短時間で味がしみしみに。火加減の調節など、今まで難しかった"料理のカンどころ"に左右されず、誰でもおいしく作れます。

火を使わずになんでも作れちゃう! マスターすれば、もう台所にコンロは不要!?

この本は、徹底的にラクして ほめられ がコンセプト！

矛盾を両立した
まさに"奇跡のレシピ"

ヒケツその1 耐熱袋を使い、さらに洗い物削減！

袋活用のメリットは
ほかにも…

野菜の水分を
絞りやすい

こんなに
汁が！

手も
汚れない♪

下味をつけるのも
まんべんなく

**おすすめの耐熱袋は
アイラップ**

120℃の高温にも耐えられる、耐熱性のマチ付きポリ袋。チンしたあと調味料を加えたり、食材をつぶしたりもでき、これ1枚で完結。

ヒケツその2 レンチンでおいしくなるテク満載！

| 調味料の配合 | 庫内に置いて余熱で火を通す | チン2回で水分をしっかり飛ばす | たれを絡めるタイミング | 下味を揉み込む順番 |

etc…

ヒケツその3 とことんまで使いやすい解説の工夫！

読むのも
ラクに♪

チンする時のポイント写真を見て
再現すればOK

酒 大2
水 大2
砂糖 大1
酢 大2
しょうゆ 大2

便利なアイコン

600W 4分 電子レンジの合計の加熱時間の目安です。つまりこの間は手が空くということ！

お弁当 冷めてもおいしい、汁気が少ないなど、お弁当にも向いたレシピです。

包丁 包丁を使わないレシピです。

冷蔵 3日 冷蔵で保存可能な日数です。

辛い物 辛い材料を使ったり、辛い味つけがあるレシピです。

レンジ調理の心得

電子レンジを使いこなし、よりラクでおいしく作るために
押さえておいてほしい基本をお伝えします。

1 加熱時間は600W（ワット）が基準

この本のレシピは、600Wを基準に加熱時間を出しています（電子レンジはフラットテーブル型を使用）。
加熱時間はW数によって変わるので、ご自宅のレンジのW数の確認を！　右記の表を参考に、500Wの場合は加熱時間を1.2倍に、700Wの場合は0.8倍にしてください。

> 500W … 1.2倍
> 600W … レシピの通り
> 700W … 0.8倍

●加熱時間の換算表

500W	600W（この本）	700W
1分10秒	1分	50秒
1分50秒	1分30秒	1分20秒
2分20秒	2分	1分40秒
3分	2分30秒	2分10秒
3分40秒	3分	2分30秒
4分10秒	3分30秒	3分
4分50秒	4分	3分30秒
5分20秒	4分30秒	3分50秒
6分	5分	4分20秒
6分40秒	5分30秒	4分40秒
7分10秒	6分	5分10秒
7分50秒	6分30秒	5分30秒

2 ラップは「ふんわりと」かける

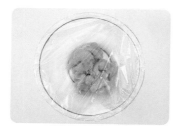

大きめに切り、少したるませて貼るイメージです。「ピンと」はNG！
温めた食品の水分が蒸気になって膨らんでも、爆発しないようにするためです。

3 材料の切り方・大きさ・分量はレシピ通りに

自己流にアレンジせず、まずはレシピを守って作ってください。
電子レンジは重量で加熱時間が変わるので、材料の分量や切り方が変わると、誤差が出てしまいます。野菜は大きさに個体差があるため、なるべくグラム数を記載しています。参考にしてください。

耐熱容器はガラス製がおすすめ

洗い物がラクになるよう、色やにおいがつきにくく、お手入れしやすいガラス製をおすすめします。主に使っている容器はこの2つ。p.5で紹介した耐熱のポリ袋も活用し、とにかく洗い物は省エネで済ませています。

3～4人分までなら一番使いやすいサイズ

耐熱ボウル

大きめの2.5ℓサイズを使っています。具材が多い場合でも困らないし、家族の分をもりもり作れます。

容量…2.5ℓ
直径約25cm

魚や肉巻きなど形を崩さずに調理したい時に便利

耐熱グラタン皿

シンプルなので料理が映え、そのまま食卓に出しても結構おしゃれ。保存容器としても◎。

容量…1.4ℓ
約25cm角、
高さ約5cm

5 こんな便利アイテムも

ボウルのレンジカバー（フタ）

耐熱温度は140℃。これがあればラップがいらないので経済的かつエコ。カバーをつけると容器を重ねて置けるので、冷蔵庫の収納性がアップ。水切りが付いていて、具材の水を切るのも簡単です。

厚手で破れにくい

耐熱クッキングペーパー

フェルトタイプの耐熱クッキングペーパーで食材をくるむと、たれなどの味がしっかり染み込みます。レンジで時短の下ごしらえや解凍など、使い道がいろいろ。

さらに、レンジ調理のお悩みに答えたQ&Aはp.140～141へ！

CONTENTS

PART3
無限に箸が進む！
即サブおかず

PART4
もはやレンジすら
使わない！
神配合のあえるだけ・
漬けるだけおかず

PART5
家族がかき込む！
ちょっ早レンジごはん

STAFF

デザイン	細山田光宣・小野安世・横村葵・榎本理沙（細山田デザイン事務所）
写真	白井由香里
スタイリング	露木藍
編集協力	須川奈津江
調理協力	伊藤みき、sue、三好弥生
撮影協力	UTUWA
DTP	東京カラー・フォトプロセス
校正	文字工房燦光

【この本の表記について】

- レシピの中の大さじ1は15㎖、小さじ1は5㎖です。

- 電子レンジは600Wを基準に加熱時間を出しています。

- 電子レンジの加熱時間はメーカーや機種によって異なるので、様子を見て加減してください。

- 耐熱のポリ袋は、製品の注意書きをよく読んでご使用ください。

- レシピの分量は、おいしく作れる目安です。

- 野菜類は、特に記載がない場合、洗う、皮をむくなどの作業をすませてからの手順を説明しています。

- バターは有塩を使用しています。

- めんつゆは3倍濃縮のものを使っています。お使いのめんつゆが2倍濃縮なら1.5倍、4倍濃縮なら¾倍に加減してください。

- 鶏肉は、原則として皮は使いません。皮を使用する場合のみ、材料に「(皮つき)」の表記を入れています。

- ツナ缶はオイル漬けのものを使っています。

- トッピングで使用した材料は明記していない場合があります。お好みで追加してください。

- 保存期間は、清潔な箸やスプーンを使って冷蔵庫で保存した場合の目安です。

- 本書のレシピは、著者のInstagramほかSNS、ブログのものとは異なる場合があります。

PART
1

························

30万人が支持！
殿堂入りレシピBEST10

フォロワーさん達からとった
アンケートをもとに、
投稿レシピのベスト10を選出！

························

#おすすめ　#間違いないおいしさ

じゅわーり ジューシーピーマン

冷蔵 **3**日 包丁 🔪

旦那が
惚れこんだ

600W
8分

材料（2〜3人分）

ピーマン… 8 個(320g)

A｜ めんつゆ(3 倍濃縮)…大さじ 3
　｜ ごま油…大さじ 1
　｜ 削り節…お好みの量

作り方

1 ピーマンはヘタを取り、フォークで全体にまんべんなく穴をあける。

2 耐熱ボウルに **1** を入れ、ふんわりとラップをかけ(**a**)、電子レンジで 8 分加熱する。

3 熱いうちに **A** を加えよく混ぜたら、粗熱を取り、落としラップをして(**b**)冷蔵庫に 1 時間以上置く。お好みで糸とうがらしをのせる。

advice

・ピーマンが大きくて食べにくそうな場合は、レンチン後にトングや箸などでさくと◎。加熱前に切ると、苦味が出てしまいます。

・ピーマンのヘタは取らなくても食べられますが、たまに固いものがあるので、取るのがおすすめです。

・お好みでおろししょうがを **A** に加えても。

a

ごま油　大1
めんつゆ　大3　　　　　削り節 お好みの量

b

包まないジューシーしゅうまい

材料（2〜3人分）

〈肉だね〉

玉ねぎ…⅓個（70g）
（みじん切り）
片栗粉…大さじ1
豚ひき肉…120g
砂糖…大さじ1
しょうゆ…大さじ1
ごま油…小さじ1

鶏ガラスープの素
…小さじ½
しょうが（すりおろし）
…小さじ⅓
しいたけ…8個
（軸を落とす）
しゅうまいの皮…8枚

作り方

1 ポリ袋に玉ねぎを入れ、片栗粉をしっかりまぶしたら、肉だねの残りの材料をすべて入れ、粘りが出るまでよく混ぜる。

2 耐熱容器にしいたけを並べ、その上に肉だねを⅛量ずつのせ、さらにしゅうまいの皮を押し付けるようにしてかぶせる。

3 ふんわりとラップをかけ（a）電子レンジで5分加熱する。

冷蔵 3日 お弁当

「もうないの?」と聞かれる

advice

・時間があれば肉だねを30分ほど冷蔵庫で休ませると、よりふっくらジューシーに。
・お好みでしょうゆやポン酢しょうゆをつけて食べても。

600W 5分

甘辛ちくラ

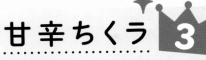

冷蔵 3日 お弁当

お弁当にもおつまみにも

材料（2〜3人分）

オクラ…8本
ちくわ…8本

A 砂糖…小さじ2
しょうゆ…小さじ2
ごま油…小さじ1
白いりごま…適量

作り方

1 オクラはネットのまま洗って、塩少々（分量外）をふりかけ擦り合わせながら産毛を取り、ヘタを落とす。

2 ちくわに1を詰めて、半分に切る。

3 耐熱ボウルに入れ、ふんわりとラップをかけて（a）電子レンジで3分加熱する。

4 Aを加えてよく混ぜ合わせる。

advice

・調味料は熱いうちに入れて、しっかり絡めましょう。
・食べるときにマヨネーズをつけても。

600W 3分

4 照り照り豚バラ巻き

冷蔵 **3**日　お弁当

600W **6**分

ガッツポーズで喜ばれる

材料（2～3人分）

厚揚げ… 2枚(300g)
　（油抜きをして1.5㎝幅に切る）
豚バラ肉(薄切り)… 8枚
片栗粉…適量
A｜砂糖…大さじ1
　｜しょうゆ…大さじ1
　｜酒…大さじ1
　｜みりん…大さじ1
　｜（※合わせておく）

作り方

1 厚揚げに豚肉をくるくると巻きつけ、片栗粉を薄くまぶす。

2 耐熱容器に**1**を並べ入れ、**A**を全体にかけたらふんわりとラップをかけて（**a**）電子レンジで3分加熱する。

3 裏返して再びラップをかけて電子レンジで3分加熱する。お好みで小口切りにした青ねぎをかける。

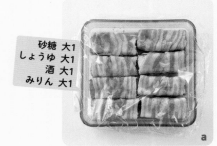

砂糖 大1
しょうゆ 大1
酒 大1
みりん 大1

a

advice

作って時間がたつと豚肉の脂が白く固まるので、その場合はレンチンしてから食べるのがおすすめです。

超しっとり鶏むねマリネ

冷蔵 3日

食べた人を絶句させる

600W 4分

材料（2〜3人分）

鶏むね肉… 1枚（300〜350g）（そぎ切り）

A 酒…大さじ1
　　塩…小さじ⅓

片栗粉…小さじ1

玉ねぎ…½個（100g）（薄切りにして水にさらす）

トマト… 1個（150g）（乱切り）

〈マリネ液〉

　オリーブオイル…大さじ2

　酢…大さじ2

　砂糖…大さじ1と½

　レモン汁…大さじ1

　粒マスタード…大さじ1

　塩…小さじ½

　（※合わせておく）

作り方

1 耐熱ボウルに鶏肉と **A** を入れてよく揉み込んだら片栗粉を加えて揉み、5分置く。

2 **1**の鶏肉にふんわりとラップをかけて（**a**）電子レンジで3分加熱する。上下を返すように混ぜて再びラップをかけて電子レンジで1分加熱し、粗熱を取りながら混ぜる。

3 水気を絞った玉ねぎ、トマト、マリネ液を**2**に加え、落としラップをして冷蔵庫で冷やす。

a

advice

新玉ねぎで作ると、水にさらす工程なしで作れます。

6 春雨サラダ

冷蔵 3日　お弁当

材料（2〜3人分）

きゅうり… 1本（細切り）
緑豆春雨…50g
もやし… 1袋
ハム（薄切り）
　…4枚（細切り）

A
水…大さじ3
砂糖…大さじ2
酢…大さじ2
しょうゆ…大さじ1と½
鶏ガラスープの素
　…小さじ1
（※合わせておく）
ごま油…大さじ1
白すりごま…大さじ2

作り方

1　ポリ袋にきゅうりと塩小さじ⅓（分量外）を入れて軽く揉み、5分置いたら袋の角を切り落として水気を絞る。

2　耐熱ボウルに水にさっとくぐらせた春雨、もやし、Aの順に入れ、ふんわりとラップをかけて（a）電子レンジで5分加熱する。

3　粗熱を取りながらよく混ぜ合わせ、きゅうり、ハム、ごま油、白ごまを加えて混ぜ合わせ、冷蔵庫で冷やす。

水 大3
砂糖 大2
酢 大2
しょうゆ 大1と½
鶏ガラスープの素 小1

a

作ったそばから消えてゆく

advice

・春雨はさっと水にくぐらせるだけでOKです。
・冷蔵庫でしっかり冷やすと春雨に調味料が染みて柔らかくなり、味もなじんで格段においしくなります。

600W 5分

厚揚げそぼろ 7

冷蔵 3日　お弁当

泣いておかわりをせがまれる

advice

辛くしたい場合は、Aに豆板醤をお好みの量加えるか、食べる前にラー油をかけると◎。

600W 6分

材料（2〜3人分）

豚ひき肉…200g
厚揚げ…2枚（300g）
　（油抜きをして
　半分に切ってから
　1.5cm幅に切る）

A
砂糖…大さじ2
しょうゆ…大さじ2
酒…大さじ2
酢…大さじ1
片栗粉…小さじ1
しょうが（すりおろし）…小さじ½

作り方

1　耐熱ボウルにひき肉とAを入れて混ぜ合わせたら、厚揚げを加えて全体をざっくり混ぜる。ふんわりとラップをかけて（a）電子レンジで5分加熱する。

2　上下を返すように混ぜて再びラップをかけて電子レンジで1分加熱する。お好みで小口切りにした青ねぎをかける。

砂糖 大2
しょうゆ 大2
酒 大2
酢 大1
片栗粉 小1
しょうが（すりおろし）小½

a

コツあり絶品ポテサラ

8

本当は
秘密にしたい

冷蔵 3日　お弁当 🍱

600W
6分30秒

材料（作りやすい分量）

じゃがいも … 2～3個（350g）
　（皮をむき 3～4cm角に切る）
きゅうり … 1本（小口切り）
にんじん … ¼本（50g）
　（2～3mm厚さのいちょう切り）
玉ねぎ … ¼個（50g）（薄切り）
A 酢 … 小さじ2
　　 塩 … 小さじ⅓
卵 … 2個
マヨネーズ … 大さじ1
B マヨネーズ … 大さじ3
　　 塩・こしょう … 各少々

作り方

1 耐熱のポリ袋にじゃがいもと浸るくらいの水を入れて5分さらしたら、水を切る。ポリ袋の口をふんわりととじて（**a**）電子レンジで5分加熱し、**A**を加えてポリ袋をふきんで包んでお好みの加減まで手でつぶす。

2 別のポリ袋にきゅうり、にんじん、玉ねぎを入れて塩小さじ¼（分量外）をなじませ、5分置いたら袋の角を切り落とし水気を絞る。

3 卵を耐熱容器に割り入れ、ざっくりかき混ぜたら、ふんわりとラップをかけて電子レンジで1分加熱する。全体をざっくり混ぜたら再びラップをかけて（**b**）電子レンジで30秒加熱し、フォークなどでほぐしながらマヨネーズ大さじ1を加えて混ぜる。

4 ボウルに**1**、**2**、**3**と**B**を入れてよく混ぜ合わせる。

advice

・卵は混ぜすぎると卵焼き状態になってしまうので、軽く混ぜる程度が◎。
・お好みで粒マスタードを入れてもおいしいです。

a

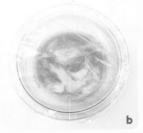
b

にんじんのハニーマスタードマリネ

9

冷蔵 5日 / お弁当

追加生産確定

材料（2〜3人分）

にんじん…小2本（300g）（ピーラーで縦にスライスする）
塩…小さじ¼
ハム（薄切り）…4枚（1㎝幅に切る）
〈マリネ液〉

オリーブオイル …大さじ2	粒マスタード…大さじ1
酢…大さじ2	はちみつ…小さじ2 （※合わせておく）

作り方

1 耐熱ボウルににんじんを入れ、塩をふり、混ぜ合わせたらふんわりとラップをかけて（a）電子レンジで2分加熱する。

2 1にハムとマリネ液を加え粗熱を取りながら混ぜ合わせる。落としラップをして冷蔵庫で冷やす。

塩 小¼

a

advice

・作った翌日以降が味がなじんでおいしいです。
・ハムを生ハムにしたりカッテージチーズを加えるとワインにも合う大人味に！

600W **2分**

濃厚ごまだれ鶏

10

冷蔵 3日 / お弁当

旦那をとりこにした

600W **3分**

材料（2〜3人分）

きゅうり…1本（細切り）
鶏むね肉…1枚（300〜350g）
　（そぎ切りにした後、
　縦2〜3等分に切る）
切干大根…20g
　（水で洗い、軽く水気を絞る）

A | 酒…大さじ1
　| 砂糖…小さじ1
　| しょうゆ…小さじ1
片栗粉…大さじ1

〈ごまだれ〉
　白すりごま…大さじ2
　マヨネーズ…大さじ1
　砂糖…大さじ1
　しょうゆ…大さじ1
　酢…小さじ1
　みそ…小さじ1
　ごま油…小さじ1
　（※合わせておく）

作り方

1 きゅうりはポリ袋に入れて塩小さじ¼（分量外）をなじませ、5分置いたら袋の角を切り落とし水気を絞る。

2 耐熱ボウルに鶏肉とAを入れてよく揉み込んだら片栗粉を加えて揉み、5分置く。ふんわりとラップをかけて（a）電子レンジで2分加熱する。上下を返すように混ぜ、再びラップをかけて電子レンジで1分加熱する。

3 粗熱が取れたら1、切干大根、ごまだれを加えて混ぜ合わせる。

酒 大1　　しょうゆ 小1
砂糖 小1　　　　　a

advice

・切干大根は水で戻さないことで、歯ごたえが残り、余分な水分を吸ってくれます。逆に柔らかく仕上げたい場合は水で戻してください。
・お好みでラー油を入れてパンチを効かせてもおいしいです。
・ごまだれは棒棒鶏や冷しゃぶ、冷奴などにも使えます。

PART
2

・・・・・・・・・・・・・・・・・・・・・・・・・・・・・

レンジにお任せ
⇒手放しで完成！
肉・魚の
主役級おかず

一番労力のかかる主菜も、
レンチンならあっという間♪

・・・・・・・・・・・・・・・・・・・・・・・・・・・・・

#鶏肉　#豚肉　#牛肉　#ひき肉　#加工品
#魚介

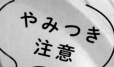
やみつき
注意

600W
4分

禁断の鶏むねユッケ

冷蔵
3日 辛い物

材料（2〜3人分）

鶏むね肉… 1枚(300〜350g)
（そぎ切りにした後、縦2〜
3等分に切る）

A
酒…大さじ1
塩…小さじ⅓
片栗粉…小さじ1
きゅうり… 1本(せん切り)

B
コチュジャン…大さじ1と½
しょうゆ…大さじ1と½
砂糖…大さじ1
ごま油…小さじ2
にんにく(すりおろし)…小さじ⅓
（※合わせておく）

白いりごま… 適量

作り方

1 耐熱ボウルに、鶏肉とAを入れて揉み込ん
だら片栗粉を加えて揉み、5分置く。ふんわ
りとラップをかけて（a）電子レンジで2分加
熱する。ほぐしながら混ぜたら、再びラップ
をかけて電子レンジで2分加熱する。そのま
ま5分ほど置き、余熱で火を通す。

2 きゅうりはポリ袋に入れて塩小さじ¼(分量
外)をふり、5分置いたら袋の角を切り落と
し水気を絞る。

3 1に2とB、白ごまを加えて（b）よく混ぜ合
わせる。

advice

・冷やして食べるとよりおいしい！
・余熱で火を通すことで、むね肉がし
っとり柔らかに仕上がります。
・鶏肉のレンチン後に水分が出ていた
ら、捨ててからBを加えると味がぼ
やけません。

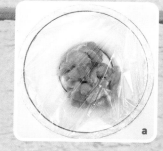
a

コチュジャン 大1と½
しょうゆ 大1と½
砂糖 大1
ごま油 小2
にんにく(すりおろし) 小⅓
白いりごま 適量
b

無限鶏もやし

冷蔵 **3日**

無いと
がっかりされる

600W
5分30秒

advice

作ってすぐはあっさり、時間が
たつほど味が染みます。

材料（2〜3人分）

鶏むね肉 … 1枚(300〜350g)
　（1cm厚さに切ったあと、縦3等分に切る）

A 酒…大さじ1
　しょうゆ…小さじ1
　砂糖…小さじ½

片栗粉…大さじ1
もやし…1袋(200g)

B ポン酢しょうゆ
　…大さじ4
　ごま油…大さじ1
　白いりごま…適量

作り方

1 耐熱ボウルに鶏肉と**A**を入れ揉み込んだら片栗粉を
加えて揉み、5分置く。

2 **1**にもやしを加えて混ぜ合わせたら、ふんわりとラッ
プをかけて(**a**)、電子レンジで3分加熱する。

3 上下を返すように混ぜ合わせて、再びラップをかけて
電子レンジで2分30秒加熱する。水気を切り、**B**を
加え(**b**)混ぜ合わせる。お好みで小口切りにした青ね
ぎをのせる。

ポン酢しょうゆ
大4

ごま油 大1

白いりごま 適量

材料（2〜3人分）

鶏むね肉 … 1枚(300〜350g)

A 酒…大さじ1
　砂糖…小さじ½
　塩…小さじ⅓

B 酢…大さじ1
　しょうゆ…大さじ1
　白すりごま…大さじ1
　ごま油…小さじ1

砂糖…小さじ1
しょうが(すりおろし)
　…小さじ½
にんにく(すりおろし)
　…小さじ½
ラー油…少々
（※合わせておく）

作り方

1 鶏肉はフォークで全体に数ヶ所穴をあける。耐熱の
ポリ袋に入れ、**A**を揉み込み、20分置いたら、口
をふんわりととじて(**a**)、電子レンジで4分加熱す
る。そのまま15分置き、余熱で火を通す。

2 食べやすい大きさに切ったら、**1**で出た水分小さじ
2を合わせた**B**をかけ、お好みで小口切りにした青
ねぎをのせる。

よだれ鶏

冷蔵 **3日** 辛い物

レンチンだけど
しっとり

advice

余熱で火を通すレシピ
なので、むね肉が固く
なりにくいです。

600W
4分

汁だく ガリバタチキン

冷蔵 **3**日

胃袋わし掴み

advice

にんにくはチューブより生のものをすりおろして使うのがおすすめです！ 風味が出て断然おいしいです。

600W **7分**

材料（2〜3人分）

鶏むね肉… 1枚（300〜350g）
（そぎ切り）

A しょうゆ…小さじ1
酒…小さじ1
にんにく（すりおろし）
…小さじ½

片栗粉…大さじ1

長ねぎ…½本（30g）
（5mm厚さの斜め切り）

しめじ…⅔パック（70g）
（石づきを取りほぐす）

B 砂糖…大さじ1
しょうゆ…大さじ1
酒…大さじ1
みりん…大さじ1
にんにく（すりおろし）
…小さじ½

バター…20g

作り方

1 耐熱ボウルに鶏肉とAを入れ揉み込んだら片栗粉を加え、さらによく揉み、5分置く。

2 1にねぎ、しめじ、Bを加えて混ぜ合わせたら、ふんわりとラップをかけて（**a**）電子レンジで4分加熱する。

3 よくかき混ぜたら、再びラップをかけて電子レンジで3分加熱する。

4 バターを加え、全体を混ぜ合わせる。

砂糖 大1　みりん 大1
しょうゆ 大1　にんにく（すりおろし）小½
酒 大1
a

材料（2〜3人分）

鶏ささみ肉… 8本
（筋を取って開く）

焼きのり…適量

ベビーチーズ… 4個
（縦半分に切る）

片栗粉…適量

A コチュジャン…大さじ2
トマトケチャップ…大さじ2
砂糖…大さじ1
みりん…大さじ1
ごま油…大さじ1
（※合わせておく）

作り方

1 ささみは、塩・こしょう少々（分量外）をふり、焼きのり、ベビーチーズをのせてくるくると巻き、片栗粉を薄くまぶす。

2 巻き終わりを下にして耐熱容器に並べ、ふんわりとラップをかけて（**a**）電子レンジで4分加熱する。

3 Aをかけたら再びラップをかけて（**b**）電子レンジで2分加熱する。転がしてたれを全体に絡め、食べやすい大きさに切る。

a

コチュジャン 大2
トマトケチャップ 大2
砂糖 大1
みりん 大1
ごま油 大1

b

ヤンニョム ささみチーズ

冷蔵 **3**日　辛い物

お弁当

韓国の B級グルメを 一口サイズに

600W **6分**

advice

・のりは大葉に替えてもおいしいです。

・チーズがとろっと出てきたら、鶏肉に火が通ったしるしです。

600W 8分

レンチンでも
味染み～

鶏チャーシュー

冷蔵 **3日**　お弁当

材料（2〜3人分）

鶏もも肉（皮つき）
　…大1枚（380g）
塩・こしょう…各少々

A 砂糖…大さじ4
　酢…大さじ3
　しょうゆ…大さじ3
　酒…大さじ2
　（※合わせておく）

砂糖 大4
酢 大3
しょうゆ 大3
酒 大2

a

作り方

1 鶏肉は塩・こしょうをふり、水でぬらした耐熱の
クッキングペーパーできつく巻き、耐熱容器に入
れる。

2 1に**A**をかけたら、ラップはせずに（**a**）電子レン
ジで4分加熱する。裏返したら再び電子レンジで
4分加熱する。

3 3分庫内に置いたままにし、食べやすい大きさに
切る。

advice

加熱後にしばらく置くことで、
肉に味が染み込みます。

025

鶏の南蛮漬け

冷蔵 **4日**

お弁当

店よりうまいと
絶賛された

advice

辛いものが好きな場合は、赤とうがらしを加えると味が引き締まります。

600W 6分

材料（2〜3人分）

鶏もも肉…１枚
（300g）（3cm角に切る）

A｜酒…大さじ１
　｜塩…小さじ⅓

片栗粉…小さじ１

玉ねぎ…½個（100g）（薄切り）

にんじん…¼本（50g）（細切り）

ピーマン…１個（40g）（細切り）

B｜酢…大さじ２
　｜しょうゆ…大さじ２
　｜酒…大さじ２
　｜水…大さじ２
　｜砂糖…大さじ１
　｜（※合わせておく）

作り方

1 耐熱ボウルに鶏肉とAを入れて揉み込んだら、片栗粉を加え、よく揉んで５分置く。

2 1に玉ねぎ、にんじん、ピーマン、Bを加えふんわりとラップをかけたら（a）、電子レンジで３分加熱する。上下を返すように混ぜ、再びラップをかけて電子レンジで３分加熱する。

3 よく混ぜ合わせて粗熱が取れたら冷蔵庫で冷やす。お好みで糸とうがらしを飾る。

酢 大2
しょうゆ 大2
酒 大2
水 大2
砂糖 大1

a

材料（2〜3人分）

鶏もも肉…１枚（300g）
（3cm角に切る）

A｜酒…大さじ１
　｜塩…小さじ⅓

片栗粉…小さじ２

冷凍揚げなす…100g

大根…¼本（200g）（すりおろす）

B｜ポン酢しょうゆ
　｜…大さじ１と½
　｜しょうゆ…大さじ１と½
　｜みりん…大さじ１と½

作り方

1 ポリ袋に鶏肉とAを入れ、揉み込んだら片栗粉を加え、よく揉んで５分置く。

2 耐熱ボウルになすと水気を軽く切った大根おろしを入れ、ふんわりとラップをかけ（a）、電子レンジで３分加熱する。

3 2に1とBを入れて混ぜ合わせたら、ふんわりとラップをかけて（b）電子レンジで４分加熱する。上下を返すように混ぜて、再びラップをかけて電子レンジで３分加熱する。お好みできざんだ大葉をかける。

鶏の
みぞれまみれ

冷蔵 **3日**

お弁当

600W 10分

最後の一滴まで
完食される

a

ポン酢しょうゆ
大1と½

しょうゆ
大1と½

みりん
大1と½

b

advice

大根おろしをあらかじめレンチンしておくことで、辛みが抜けて甘みが引き立ちます。

きのこたっぷり鶏のバタポン

冷蔵 3日 お弁当

600W 6分

食卓にみんなが集まってくる

材料（2〜3人分）

鶏もも肉… 1枚(300g)
（3㎝角に切る）

A 酒… 大さじ1
　塩… 小さじ⅓

片栗粉… 小さじ1

えのきだけ… 1パック
（100g）(石づきを落とし、半分に切る)

ポン酢しょうゆ… 大さじ3

バター… 10g

作り方

1 耐熱ボウルに鶏肉とAを入れ揉み込んだら、片栗粉を加え揉み、5分置く。

2 1にほぐしたえのきとポン酢を加え、全体を混ぜたらバターをのせ、ふんわりとラップをかけ(a)電子レンジで4分加熱する。

3 上下を返すように混ぜ、再びラップをかけ電子レンジで2分加熱したら、そのまま5分置き、余熱で火を通す。お好みで黒こしょうと小口切りの青ねぎをかける。

advice

えのきだけの代わりにしめじやまいたけを使ってもOKです。

ポン酢しょうゆ 大3

バター 10g

a

材料（2〜3人分）

鶏もも肉… 1枚(300g)
（3〜4㎝角に切る）

A 酒… 大さじ1
　塩… 小さじ⅓

片栗粉… 大さじ1

じゃがいも… 1〜2個(200g)
（1㎝厚さに切り、水にさらす）

B トマトケチャップ
　　…大さじ5
　水…大さじ2
　鶏ガラスープの素
　　…小さじ1

砂糖… 大さじ1

酢… 大さじ1

酒… 大さじ1

ごま油… 大さじ½

しょうゆ… 小さじ1

コチュジャン
　…小さじ1

にんにく（すりおろし）
　…小さじ½

しょうが（すりおろし）
　…小さじ½

（※合わせておく）

作り方

1 耐熱ボウルに鶏肉とAを入れ、揉み込んだら片栗粉を加え、よく揉んで5分置く。

2 1に水気を切ったじゃがいもを加え、軽く混ぜたらふんわりとラップをかけて、電子レンジで7分加熱する。

3 Bを加えて混ぜ合わせたら(a)ラップをせずに電子レンジで2分加熱する。全体をよく混ぜ、お好みで小口切りにした青ねぎをちらす。

こってり鶏のポテチリ

冷蔵 3日 辛い物 お弁当

えびが惨敗…!?

600W 9分

advice

2回目のレンチンで水分をとばすので、ソースがこってり濃厚に仕上がります。

トマトケチャップ 大5
水 大2
鶏ガラスープの素 小1
砂糖 大1
酢 大1
酒 大1

ごま油 大½
しょうゆ 小1
コチュジャン 小1
にんにく・しょうが
（すりおろし）各小½

a

鶏ちゃん
(けい)

冷蔵 3日 | お弁当 | 辛い物

600W 9分

岐阜県の郷土調理を再現

材料（2〜3人分）

鶏もも肉…200g
　（一口大のそぎ切り）
キャベツ…¼個（300g）
　（ざく切り）
ニラ…⅓束（30g）
　（5cm長さに切る）

A | しょうゆ…大さじ1
　| みそ…大さじ1
　| 酒…大さじ1
　| みりん…大さじ1
　| にんにく（すりおろし）…小さじ1
　| しょうが（すりおろし）…小さじ1
　| 豆板醤…小さじ½
ごま油…小さじ1

作り方

1 ポリ袋に鶏肉とAを入れて揉み込み、冷蔵庫で1時間置く（a）。

2 耐熱ボウルにキャベツ半量、1半量、残りのキャベツの順に重ね、最後に残りの1を入れ、ふんわりとラップをかけて（b）、電子レンジで6分加熱する。

3 ニラを加えて混ぜ合わせたら、再びラップをかけて電子レンジで3分加熱し、仕上げにごま油を回しかける。

advice

辛いものが苦手な場合は豆板醤なしでもおいしいです。

しょうゆ 大1
みそ 大1
酒 大1
みりん 大1
にんにく（すりおろし）小1
しょうが（すりおろし）小1
豆板醤 小½

a

b

チキンときのこの
豆乳クリーム煮

冷蔵
3日

優しい味で
心が安らぐ

600W
10分

材料（2〜3人分）

鶏もも肉…1枚（300g）	薄力粉…大さじ2
（3〜4cm角に切る）	豆乳…200ml
A 白ワイン…大さじ1	バター…10g
塩・こしょう…各少々	塩…小さじ½
しめじ…1パック（100g）	みそ…小さじ1
（石づきを落としてほぐす）	塩・こしょう…各適量

作り方

1 耐熱ボウルに鶏肉を入れ、**A**を加えて揉み込む。

2 1にしめじと薄力粉を加え、全体に薄力粉がなじむように混ぜたら、豆乳、バター、塩を加えてさらに混ぜる。ふんわりとラップをかけて（**a**）電子レンジで5分加熱する。

3 よく混ぜたら再びラップをかけて電子レンジで5分加熱する。

4 みそを加えて（**b**）よく混ぜ合わせ、塩・こしょうで味をととのえる。お好みでみじん切りにしたパセリをちらす。

豆乳 200ml
バター 10g
塩 小½

a

みそ 小1

b

advice

仕上げのみそがコクうまのポイントです。

白菜と鶏肉の白湯風

冷蔵 3日

白菜が
たっぷり
食べられる

600W 8分

材料（2〜3人分）

白菜…3枚(300g)（2〜3㎝幅のそぎ切り）
鶏もも肉…200g（3〜4㎝角に切る）
A　水…50㎖
　　鶏ガラスープの素…小さじ1
　　にんにく（すりおろし）…小さじ⅓
　　塩…小さじ⅓
豆乳…50㎖
ごま油…小さじ1

作り方

1 耐熱ボウルに、白菜、鶏肉の順に入れたら、Aを加えてふんわりとラップをかけて（a）、電子レンジで6分加熱する。

2 豆乳を加えて混ぜ合わせたら再びラップをかけて（b）電子レンジで2分加熱する。

3 塩・こしょう各適量（分量外）で味をととのえ、ごま油を回しかける。

advice

お好みで小口切りにした青ねぎをのせても。

水 50㎖
鶏ガラスープの素 小1
にんにく（すりおろし） 小⅓
塩 小⅓
a

豆乳 50㎖
b

無水肉じゃが

冷蔵 3日 ｜ お弁当

600W 10分

昔ながらの基本の肉じゃが♪

材料（2〜3人分）

豚こま肉…100g

A 酒…大さじ1
しょうゆ…小さじ1

片栗粉…小さじ1

じゃがいも…2個(260g)
（3〜4cm角に切る）

にんじん…¼本(50g)
（5mm厚さの半月切り）

玉ねぎ…½個(100g)
（1cm幅のくし形切り）

B 砂糖…大さじ2
しょうゆ…大さじ2
みりん…大さじ2
かつおだしの素…小さじ1

冷凍枝豆…適量

作り方

1 ポリ袋に豚肉と**A**を入れて揉み込む。片栗粉を加えて揉み、5分置く。

2 耐熱ボウルにじゃがいも、にんじん、玉ねぎを入れてふんわりとラップをかけて（a）、電子レンジで5分加熱する。

3 **2**に**1**と**B**を加えて混ぜ合わせたらふんわりとラップをかけて（b）、電子レンジで5分加熱する。一旦冷まして味を染み込ませ、食べるときにお好みで再度電子レンジで温め、解凍した冷凍枝豆をのせる。

advice

一度冷ますことで味が染み込みます。

a

砂糖 大2
しょうゆ 大2
みりん 大2
かつおだしの素 小1

b

豚こましょうが焼き

冷蔵 3日　**お弁当**

600W 5分

advice

フライパンで作る場合は、**B**に酒大さじ2を追加してください。

プロも認めた黄金比

材料（2～3人分）

豚こま肉…300g
A ｜ しょうゆ…小さじ1
　　｜ 酒…小さじ1
　　｜ しょうが（すりおろし）
　　｜ 　…小さじ½
片栗粉…大さじ1
玉ねぎ…1個(200g)
　（5mm幅に切る）

B ｜ しょうゆ…大さじ3
　　｜ みりん…大さじ2
　　｜ 砂糖…大さじ1
　　｜ しょうが（すりおろし）
　　｜ 　…小さじ1
　　｜ ごま油…小さじ1

作り方

1 耐熱ボウルに豚肉と**A**を入れてよく揉み込んだら片栗粉を加えて揉み、5分置く。

2 玉ねぎと**B**を加え混ぜ合わせたら、ふんわりとラップをかけて(**a**)電子レンジで3分加熱する。

3 全体をよく混ぜ、ラップをせずに電子レンジで2分加熱し、全体を混ぜ合わせる。

しょうゆ 大3
みりん 大2
砂糖 大1
しょうが（すりおろし）小1
ごま油 小1
a

材料（2～3人分）

豚こま肉…200g
A ｜ 酒…大さじ1
　　｜ しょうゆ…小さじ1
片栗粉…小さじ1
白菜…⅛個(200g)（ざく切り）
にんじん…⅙本(30g)
　（縦半分に切って薄切り）

牛脂…1個
しらたき…½パック(100g)
　（アクを抜き、食べやすい
　長さに切る）
B ｜ 砂糖…大さじ2
　　｜ しょうゆ…大さじ2
　　｜ みりん…大さじ2

作り方

1 ポリ袋に豚肉と**A**を入れてよく揉み込んだら片栗粉を加えて揉み、5分置く。

2 耐熱ボウルに白菜とにんじん、**1**と牛脂、しらたきの順に入れ、**B**を回し入れたらふんわりとラップをかけて（**a**）、電子レンジで5分加熱する。

3 全体を混ぜ合わせたら再びラップをかけて電子レンジで2分加熱する。

砂糖 大2
しょうゆ 大2
みりん 大2
a

豚のお手軽すき焼き風

冷蔵 3日

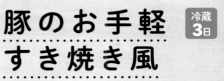

これなら毎日でも食べられる

advice

牛脂を使って風味付けをすることで、豚肉でも牛すき焼き風に仕上がります。

600W 7分

チンジャオロース

冷蔵 **3**日　お弁当

細切りしない
なんてズルい !?

advice

片栗粉で肉をコーティングする
ことで、肉が熱で固くなるのを
防いでくれます。

600W
7分

材料（2〜3人分）

豚こま肉…200g
A ┃ しょうゆ…小さじ1
　┃ 酒…小さじ1
片栗粉…大さじ1
ピーマン…2個(80g)
　（食べやすい大きさに切る）

たけのこ水煮…1パック(150g)
　（食べやすい大きさに切る）
B ┃ オイスターソース…大さじ1
　┃ 酒…大さじ1
　┃ みりん…大さじ1
　┃ 砂糖…小さじ1
　┃ しょうゆ…小さじ1

作り方

1 耐熱ボウルに豚肉と **A** を入れてよく揉み込んだら片
栗粉を加えて揉み、5分置く。

2 **1**にピーマン、水気を切ったたけのこ、**B** を加えて混
ぜ、ふんわりとラップをかけて(**a**)電子レンジで4分
加熱する。

3 全体をよく混ぜ合わせ、再びラップをかけて3分加熱
する。

オイスターソース 大1
酒 大1
みりん 大1
砂糖 小1
しょうゆ 小1
a

材料（2〜3人分）

豚こま肉…200g
キャベツ…¼個(300g)（ざく切り）
A ┃ みそ…大さじ1と½
　┃ 酒…大さじ1
　┃ オイスターソース…大さじ½
　┃ しょうゆ…小さじ1
　┃ にんにく（すりおろし）…小さじ½
　┃ 豆板醤…小さじ½

片栗粉…大さじ1
ごま油…大さじ1

作り方

1 ポリ袋に豚肉と **A** を入れてよく揉み込んだら片栗粉
を加えて揉み、5分置く。

2 耐熱ボウルに、キャベツ半量、**1**の半量、残りのキャ
ベツ、残りの**1**の順に重ねて入れ、ふんわりとラップ
をかけて(**a**)電子レンジで6分加熱する。

3 全体を混ぜ合わせ、再びラップをかけて電子レンジで
2分加熱する。よく混ぜ、ごま油を回しかける。お好
みで糸とうがらしをのせる。

a

ホイコーロー

冷蔵 **3**日

キャベツを
わしわし食べられる

advice

キャベツと豚肉を交互に重ね
ることで、蒸気が回り、お肉
がふっくら仕上がります。

600W
8分

食物繊維
どっさり

600W
6分

しらたきチャプチェ

冷蔵
3日

材料（2〜3人分）

豚こま肉…100g
焼肉のたれ…大さじ１＋大さじ３
片栗粉…小さじ１
玉ねぎ…¼個（50g）（薄切り）
にんじん…¼本（50g）（細切り）
ピーマン…１個（40g）（細切り）
しめじ…⅓パック（30g）
　　（石づきを落としてほぐす）
しらたき…１パック（200g）
　　（アクを抜き、食べやすい大きさに切る）
切干大根…10g
　　（水で洗い、軽く水気を絞る）
ごま油…大さじ１
塩・こしょう…各少々

作り方

1 耐熱ボウルに豚肉と焼肉のたれ大さじ１を入れてよく揉みこんだら、片栗粉を加えて揉み、５分置く。

2 1にごま油と塩・こしょう以外の材料を入れよく混ぜたら、ふんわりとラップをかけて（a）、電子レンジで４分加熱する。

3 全体をよく混ぜ、再びラップをかけて電子レンジで２分加熱する。仕上げに塩・こしょうで味をととのえ、ごま油を絡める。

焼き肉のたれ 大3

a

advice

切干大根は水で戻さず、さっと洗う程度でOK！野菜から出た水分を吸ってくれます。

ポークチャップ

冷蔵 3日　お弁当

材料（2〜3人分）

豚こま肉…200g

A │ 白ワイン（または酒）…大さじ1
　　│ 塩・こしょう…各少々

片栗粉…小さじ1

玉ねぎ…½個（100g）（薄切り）

B │ トマトケチャップ…大さじ3
　　│ ウスターソース…大さじ1と½
　　│ マヨネーズ…小さじ1
　　│ 砂糖…小さじ½

作り方

1 耐熱ボウルに豚肉と **A** を入れてよく揉み込んだら片栗粉を加えて揉み、5分置く。

2 **1** に玉ねぎを加えよく混ぜ合わせたらふんわりとラップをかけて（**a**）、電子レンジで2分加熱する。

3 **2** に **B** を加えて混ぜ合わせたらふんわりとラップをかけて（**b**）電子レンジで2分30秒加熱する。そのまま2分置き、余熱で火を通す。お好みできざんだパセリを散らす。

大人も子どもも
食いつく

600W
4分30秒

a

トマトケチャップ
大3

ウスターソース
大1と½

マヨネーズ 小1

砂糖 小½

b

advice

ケチャップとソースの
基本の味に、マヨネーズを加えるのでコクが
増します。

豚なすみそ

冷蔵 3日 お弁当

> いつの間にか
> おかわりしてる

advice

なすにしっかりと油をなじませて、レンチン後はすぐにラップをはずすようにすると、色がキレイに出やすいです。

600W 7分30秒

材料（2〜3人分）

豚こま肉…200g		B	砂糖…大さじ2
A	酒…大さじ1		みそ…大さじ2
	しょうゆ…小さじ1		めんつゆ（3倍濃縮）…大さじ1
片栗粉…小さじ1			（※合わせておく）
なす…3本(240g)(乱切り)		白いりごま…適量	
サラダ油…大さじ1			

作り方

1 ポリ袋に豚肉とAを入れてよく揉み込んだら片栗粉を加えて揉み、5分置く。

2 耐熱ボウルになすとサラダ油を入れしっかりとなじませたら、ふんわりとラップをかけ（a）、電子レンジで2分30秒加熱する。

3 2に1とBを加え混ぜ合わせたらふんわりとラップをかけ（b）電子レンジで3分加熱する。上下を返すように混ぜたら再びラップをかけ電子レンジで2分加熱する。

4 白ごまをふり、お好みできざんだ大葉をのせる。

砂糖 大2
みそ 大2
めんつゆ 大1

材料（2〜3人分）

豚こま肉…100g		B	水…100ml
A	酒…大さじ1		しょうゆ…大さじ1と½
	しょうゆ…小さじ1		みりん…大さじ1
片栗粉…小さじ1			酒…小さじ1
水菜…1袋(200g)			かつおだしの素…小さじ½
（5cm長さに切る）			（※合わせておく）

作り方

1 耐熱ボウルに豚肉とAを入れてよく揉み込んだら片栗粉を加えて揉み、5分置く。

2 1にBを加え、ふんわりとラップをかけたら（a）、電子レンジで3分加熱する。

3 水菜を加え、再びラップをかけて（b）電子レンジで2分加熱する。全体をざっくり混ぜ合わせる。

水 100ml
しょうゆ 大1と½
みりん 大1
酒 小1
かつおだしの素 小½

豚肉と水菜の ハリハリ煮風

冷蔵 3日

> 水菜があっと
> いう間になくなる

600W 5分

advice

水菜はさっと火を通して食感を残すくらいがおいしいです。

白菜と豚肉の和風ミルフィーユ

600W 10分

冷蔵 **3日**

材料（2〜3人分）

豚バラ肉（薄切り）…250〜300g
白菜…2枚（200g）
めんつゆ（3倍濃縮）…大さじ1

作り方

1 白菜の葉を1枚置き、上に豚肉を広げてのせる。その上に芯の方向を逆にして白菜の葉を1枚重ね豚肉をのせる。同じように繰り返したら、耐熱ボウルに入る大きさに切る。

2 1をボウルに詰めたらめんつゆを回しかけ、ふんわりとラップをかけて（a）、電子レンジで10分加熱する。そのまま3分庫内に置き、余熱で火を通す。

3 お好みでポン酢を添える。

レンジで一発！

advice

・加熱すると白菜のかさが減るので、耐熱ボウルにぎゅうぎゅうに詰めてOKです。
・ゆずこしょうをつけて食べてもおいしいです。

めんつゆ 大1

a

照りとろ豚たま

冷蔵 **3日** お弁当

家族にバカうけ

材料（2〜3人分）

豚バラ肉（薄切り）… 200g
　（食べやすい大きさに切る）
A ｜ 酒…大さじ1
　　｜ 砂糖…小さじ1
　　｜ しょうゆ…小さじ1

片栗粉…大さじ1
玉ねぎ… 1個(200g)
　（5mm幅に切る）
B ｜ しょうゆ…大さじ2
　　｜ みりん…大さじ2
ごま油…小さじ1

作り方

1 耐熱ボウルに豚肉と **A** を入れてよく揉み込んだら片栗粉を加えて揉み、5分置く。

2 **1**に玉ねぎと **B** を加えて混ぜ合わせたら、ふんわりとラップをかけて（**a**）電子レンジで3分加熱する。

3 上下を返すように混ぜ、再びラップをかけて電子レンジで2分30秒加熱する。そのまま2分置き、余熱で火を通す。仕上げにごま油を絡める。お好みで小口切りにした青ねぎをのせる。

しょうゆ 大2
みりん 大2
a

advice

手に入ればぜひ新玉ねぎで作るのがおすすめです。

600W
5分30秒

材料（2〜3人分）

豚バラ肉（薄切り）… 100g
　（食べやすい大きさに切る）
A ｜ 酒…大さじ1
　　｜ しょうゆ…小さじ1
片栗粉…小さじ1
白菜… 3枚(300g)
　（1cm幅に切る）
緑豆春雨…50g

B ｜ 水…100ml
　　｜ めんつゆ（3倍濃縮）
　　｜ 　…大さじ2
　　｜ オイスターソース
　　｜ 　…大さじ1
　　｜ しょうが（すりおろし）
　　｜ 　…小さじ½
　　｜ 鶏ガラスープの素
　　｜ 　…小さじ½
ごま油…小さじ1

作り方

1 ポリ袋に豚肉と **A** を入れてよく揉み込んだら片栗粉を加えて揉み、5分置く。

2 耐熱ボウルに、白菜、**1**、さっと水にくぐらせた春雨の順番に入れ、**B** を加え、ふんわりとラップをかけたら（**a**）電子レンジで4分加熱する。

3 全体を混ぜ合わせたら再びラップをかけて電子レンジで4分加熱する。仕上げにごま油を加えよく混ぜる。

水 100ml
めんつゆ 大2
オイスターソース 大1
しょうが（すりおろし）小½
鶏ガラスープの素 小½
a

春雨と白菜のうま煮

冷蔵 **3日**

ちゅるちゅる食感

advice

白菜は繊維に対して直角に切ると味が染み込みやすくなります。

600W
8分

甘辛豚かぼちゃ

冷蔵 **3日** ・ お弁当

材料（2〜3人分）

豚バラ肉(薄切り)…100g
　（食べやすい大きさに切る）

A ｜ 砂糖…大さじ1
　｜ しょうゆ…大さじ1
　｜ 酒…大さじ1

片栗粉…大さじ1

かぼちゃ…⅛個(200g)
　（5mm厚さのくし形切り）

B ｜ 砂糖…大さじ1
　｜ しょうゆ…大さじ1
　｜ 酒…大さじ1
　（※合わせておく）

白いりごま…大さじ1

作り方

1 ポリ袋に豚肉とＡを入れてよく揉み込んだら片栗粉を加えて揉み、5分置く。

2 耐熱ボウルにかぼちゃを入れ、ふんわりとラップをかけて（**a**）電子レンジで3分加熱する。

3 **2**に**1**と**B**を加えざっくりと混ぜ合わせたら再びラップをかけて（**b**）電子レンジで3分加熱する。仕上げに白ごまを加えて混ぜる。

600W **6分**

煮物に飽きた人に

砂糖 大1
しょうゆ 大1
酒 大1

advice

かぼちゃの皮の固さが気になるならむいてもOKです。

こってり好き
大集合！

オイマヨ豚大根

冷蔵 **3日**　お弁当

600W
10分

材料（2～3人分）

豚バラ肉(薄切り)…150g
　（食べやすい大きさに切る）

A 酒…大さじ1
　 しょうゆ…小さじ1

片栗粉…小さじ1

大根…⅓本(300g)
　（5mm厚さのイチョウ切り）

B オイスターソース…大さじ2
　 マヨネーズ…大さじ2
　 砂糖…大さじ1
　 酒…小さじ1

こしょう…適量

a

作り方

1 ポリ袋に豚肉と**A**を入れてよく揉み込んだ
ら片栗粉を加えて揉み、5分置く。

2 耐熱ボウルに大根を入れてふんわりとラップ
をかけたら（**a**）電子レンジで6分加熱する。

3 **2**に**1**と**B**を加えて混ぜ合わせたら再びラッ
プをかけて（**b**）電子レンジで4分加熱する。
仕上げにこしょうをかける。

オイスターソース **大2**　　砂糖 **大1**

マヨネーズ **大2**　　酒 **小1**

b

advice

大根をレンチン後、水分が出ていたら
捨ててください。

やみつき豚キムチ

冷蔵 3日 / お弁当 / 辛い物

炊飯器が
からっぽになる

材料（2〜3人分）

豚バラ肉(薄切り)…200g
　（食べやすい大きさに切る）
A｜酒…大さじ1
　｜にんにく（すりおろし）
　｜　…小さじ1
　｜塩・こしょう…各少々
片栗粉…小さじ1

白菜キムチ…200g
玉ねぎ…½個(100g)
　（5mm幅に切る）
もやし…½袋(100g)
めんつゆ（3倍濃縮）…大さじ1
塩・こしょう…各適量
ごま油…大さじ1

作り方

1 耐熱ボウルに豚肉とAを入れてよく揉み込んだら片栗粉を加えて揉み、5分置く。

2 1にキムチを加えてよく混ぜ合わせたら、玉ねぎともやしを加え、全体を混ぜ、ふんわりとラップをかけて（a）、電子レンジで4分加熱する。

3 めんつゆを加えて混ぜ合わせたら（b）再びラップをかけて電子レンジで3分加熱する。

4 塩・こしょうで味をととのえ、ごま油を加えよく混ぜる。お好みで小口切りにした青ねぎをのせる。

advice

・豚肉とキムチを先にあえることで肉に下味がつき、肉がほぐれやすくなります。
・キムチの汁があったら下味と一緒に入れてしまっても◎。

600W 7分

めんつゆ 大1

豚バラキャベツ

冷蔵 3日 / お弁当

倍量作っても
足りなくなる!?

材料（2〜3人分）

豚バラ肉(薄切り)…200g
　（食べやすい大きさに切る）
A｜酒…大さじ1
　｜しょうゆ…小さじ1
　｜にんにく（すりおろし）
　｜　…小さじ½
　｜しょうが（すりおろし）
　｜　…小さじ½
片栗粉…小さじ1

キャベツ…⅙個(200g)
　（ざく切り）
ニラ…⅓束(30g)
　（3cm長さに切る）
B｜砂糖…大さじ1と½
　｜しょうゆ…大さじ1と½
　｜オイスターソース
　｜　…小さじ1
　｜（※合わせておく）
ごま油…小さじ1

作り方

1 耐熱ボウルに豚肉とAを入れてよく揉み込んだら片栗粉を加えて揉み、5分置く。

2 1にキャベツを加え軽く混ぜたら、ふんわりとラップをかけて（a）電子レンジで4分加熱する。

3 ニラとBを加えて混ぜ合わせたら、再びラップをかけて（b）、電子レンジで2分加熱する。仕上げにごま油を加えて混ぜ合わせる。

砂糖 大1と½
しょうゆ 大1と½
オイスターソース 小1

advice

パンチを効かせたい場合は、Bにすりおろしたにんにくを追加しても。

600W 6分

豚巻き丸ごとズッキーニ

冷蔵 **3日** お弁当

材料（2〜3人分）

ズッキーニ… 2本（400g）
豚バラ肉（薄切り）…250g
塩・こしょう…各少々
片栗粉…適量
A ┌ 砂糖…大さじ1と½
　　│ しょうゆ…大さじ1と½
　　│ 酒…大さじ1と½
　　│ みりん…大さじ1と½
　　└（※合わせておく）

作り方

1 ズッキーニはヘタを落としてピーラーで縦に縞模様になるように皮をむく。

2 豚肉をズッキーニの長さに合わせて少しずつ重ねながら広げ、塩・こしょうを片面にふる。ズッキーニを置き、手前からくるくると巻き、全体に片栗粉をまぶす。

3 **2**を耐熱皿に並べたら**A**をかけて、ふんわりとラップをかけて（**a**）電子レンジで3分加熱する。裏返して再びラップをかけて電子レンジで4分加熱し、食べやすい大きさに切る。

600W 7分

イタリアンシェフに賞賛された

砂糖 大1と½
しょうゆ 大1と½
酒 大1と½
みりん 大1と½

a

advice

・片栗粉は多すぎるとダマになるので、薄くはたく程度にすると◎。
・ズッキーニは大きさによって加熱時間が変わります。レンチン後、竹串がすっと刺さるくらいになったらOKです。

角煮風ロール

冷蔵 **3**日 お弁当

薄切り肉だから
面倒な下処理なし

600W
10分

材料（2〜3人分）

豚バラ肉（薄切り）…300g
片栗粉…適量
じゃがいも… 1〜2個（200g）
　（大きめの一口大に切る）

A みりん…大さじ3
　しょうゆ…大さじ2
　酒…大さじ1
　砂糖…小さじ1
　（※合わせておく）

作り方

1 豚肉は、端が少し重なるように半量ずつ広げて並べ、手前からくるくると巻き、片栗粉をまぶす。残りも同じようにする。

2 耐熱皿にじゃがいもを入れ、ふんわりとラップをかけて（a）電子レンジで4分加熱する。

3 2に隙間を作ったら1を並べ入れる。水で濡らして絞った耐熱のキッチンペーパーをかぶせ、上からAをまんべんなくかけ（b）電子レンジで6分加熱する。そのまま3分置き、余熱で火を通す。食べやすい大きさに切り、お好みで小口切りにした青ねぎをかける。

advice

ブロック肉より柔らかく仕上がるので、小さなお子さんでも食べやすいです。

a

みりん 大3
しょうゆ 大2
酒 大1
砂糖 小1

b

塩レモン豚もやし

冷蔵 3日

600W 5分

どんどん箸が伸びてくる

材料（2〜3人分）

豚もも肉（薄切り）…200g
（食べやすい大きさに切る）

A 酒…大さじ1
　　 塩…小さじ⅓
片栗粉…小さじ1
もやし…1袋（200g）

B ごま油…大さじ1
　　 レモン汁…小さじ2
　　 塩…小さじ1
黒こしょう…少々

作り方

1. 耐熱ボウルに豚肉と **A** を入れてよく揉み込んだら片栗粉を加えて揉み、5分置く。

2. もやしを加えて肉をほぐしながら混ぜ合わせたら、ふんわりとラップをかけて（a）電子レンジで3分加熱する。

3. 上下を返してほぐすように混ぜたら、再びラップをかけて電子レンジで2分加熱する。

4. 水分が出ていたら捨て、**B** を加えて混ぜ合わせる。黒こしょうをふり、お好みで小口切りにした青ねぎをかける。

a

advice

・酸味が苦手な場合はレモン汁を小さじ1くらいから、様子を見ながら入れて調節してください。

・温かいのはもちろん、冷たくしてもおいしいです。

豚レタス巻き

包丁

600W
6分

多めに作らないと
足りなくなる

材料（2〜3人分）
レタス…⅔〜1個　〈つけだれ〉
豚ロース肉
　（しゃぶしゃぶ用）
　…250g
酒…大さじ1

砂糖…大さじ2
しょうゆ…大さじ2
白すりごま…大さじ1
酢…大さじ1
ごま油…小さじ1
しょうが（すりおろし）…小さじ⅓

作り方

1 レタスは芯からはずし、両サイドを折り込んでから下からくるくると巻く。それをさらに豚肉で巻き、巻き終わりを下にして耐熱皿に並べる（外側の葉は1枚ずつ、内側の小さな葉は何枚か重ねて巻く。肉の枚数に応じて調整する）。

2 酒をふりかけ、ふんわりとラップをかけて(a)電子レンジで6分加熱する。

3 混ぜ合わせたつけだれを添える。

advice

レタスはつぶれるくらいきつめに巻いて、シャキシャキ食感を楽しんで下さい！

酒 大1

材料（2〜3人分）
豚ロース肉（薄切り）
　…200〜250g
塩・こしょう…各少々
アスパラガス…4本
にんじん…¼本(50g)（縦にアスパラと同じ太さに切る）
片栗粉…適量

A
砂糖…大さじ1
しょうゆ…大さじ1
酒…大さじ1
みりん…大さじ1
（※合わせておく）

作り方

1 ラップの上に豚肉を半量ずつ、端が重なるように広げて並べたら片面に塩・こしょうをふる。

2 肉の上にアスパラ2本とにんじん1切れをのせてラップを使ってくるくる巻く。残りも同じようにしたらラップをはずし、耐熱容器に並べ入れて片栗粉をまぶす。

3 Aをかけて、ふんわりとラップをかけて(a)、電子レンジで3分加熱する。上下を返して再びラップをかけて3分加熱する。食べやすい大きさに切り、残ったたれをかける。

砂糖 大1
しょうゆ 大1
酒 大1
みりん 大1

カラフル肉巻き

冷蔵3日　お弁当

家族で
取り合いになる

advice

肉はきゅっと密着させるように巻くと、食べやすいです。

600W
6分

すき焼き肉豆腐

冷蔵 **3日**

600W **9分**

材料（2〜3人分）

牛バラ肉（切り落とし）…150g

A | しょうゆ…大さじ3
みりん…大さじ3
砂糖…大さじ2
かつおだしの素…小さじ½
（※合わせておく）

長ねぎ…1本（100g）（2㎝幅の斜め切り）

えのきだけ…½パック（50g）
（石づきを落としてほぐす）

焼き豆腐…½丁（150g）
（食べやすい大きさに切る）

作り方

1 ポリ袋に、牛肉と**A**の半量を入れよく揉み込んだら5分置く。

2 耐熱ボウルにねぎ、えのき、**1**の順番に重ねて入れ、残りの**A**を加える。水で濡らして絞った耐熱のキッチンペーパーをかぶせたら（**a**）、ラップはかけずに電子レンジで5分加熱する。

3 キッチンペーパーを一旦取り、豆腐を加えたら再び同じペーパーをかぶせ（**b**）、電子レンジで4分加熱する。

ご飯が止まらなくなる

しょうゆ 大1と½
みりん 大1と½
砂糖 大1
かつおだしの素
小¼

a

b

advice

一旦冷まして味を染み込ませるのがおすすめです。

プルコギ

冷蔵 **3日** ／ お弁当 ／ 辛い物

600W 7分

白米大量消費
おかず

材料（2〜3人分）

牛こま肉…200g
A しょうゆ…大さじ1と½
コチュジャン…大さじ1
酒…大さじ1
砂糖…小さじ2
にんにく（すりおろし）
…小さじ1
片栗粉…大さじ1

にんじん…⅙本（30g）（細切り）
玉ねぎ…¼個（50g）（薄切り）
もやし…½袋（100g）
ニラ…½束（50g）
（5cm長さに切る）
塩・こしょう…各適量
ごま油…小さじ1
白いりごま…適量

作り方

1 ポリ袋に牛肉と**A**を入れてよく揉み込んだら片栗粉を加えて揉み、20〜30分置く。

2 耐熱ボウルににんじんと玉ねぎ、**1**、もやしの順に重ねて入れ、ふんわりとラップをかけて（**a**）電子レンジで5分加熱する。

3 ニラを加えて混ぜ合わせたら再びラップをかけて電子レンジで2分加熱する。塩・こしょうで味をととのえ、ごま油を加えて混ぜ合わせ、白ごまをかける。

advice

ニラはあとから入れて加熱することで食感が残ります。

材料（2〜3人分）

牛こま肉…200g
A しょうゆ…大さじ2
みりん…大さじ2
砂糖…大さじ1
酒…大さじ1
しょうが（すりおろし）…小さじ1
片栗粉…小さじ1
まいたけ…1パック（100g）（ほぐす）

作り方

1 耐熱ボウルに牛肉と**A**を入れてよく揉み込んだら片栗粉を加えて揉む。

2 **1**にまいたけを加え、ふんわりとラップをかけて（**a**）電子レンジで3分加熱する。

3 全体を混ぜ合わせたら、水で濡らして絞った耐熱のキッチンペーパーをかぶせ（**b**）、ラップはかけずに電子レンジで2分加熱する。

牛肉とまいたけの
しぐれ煮

冷蔵 **4日** ／ 包丁 ／ お弁当

牛肉のうまみ
染み出す

600W 5分

advice

まいたけ効果で牛肉が柔らかく仕上がります。

600W
7分

中華料理店にも
負けない

牛肉とブロッコリーの
オイスター炒め風

冷蔵 **3日**　お弁当

材料（2〜3人分）

牛こま肉…250g
A | しょうゆ…大さじ1
　　 酒…大さじ1
　　 砂糖…小さじ1
　　 にんにく（すりおろし）
　　 …小さじ1
片栗粉…大さじ1

ブロッコリー…½個（150g）
　（小房に分ける）
オイスターソース
　…大さじ2
ごま油…大さじ1

オイスターソース
大2

a

作り方

1 ポリ袋に牛肉と **A** を入れてよく揉み込んだら片栗粉を
　　加えて揉み、5分置く。

2 耐熱ボウルにブロッコリー、**1**の順に入れたら、オイス
　　ターソースを加え、ふんわりとラップをかけて（**a**）電子
　　レンジで5分加熱する。

3 上下を返すように混ぜ合わせ、再びラップをかけて電子
　　レンジで2分加熱する。仕上げにごま油を回しかける。

advice

・ごま油は加熱せず仕上げにか
　けることで香りがしっかり残
　ります。

・牛肉に下味をしっかりつける
　ので、メリハリが出て、飽き
　ずに最後まで食べられます。

麻婆豆腐

冷蔵 **3日** 辛い物

600W 6分

あっという間に完食される

材料（2〜3人分）

豚ひき肉… 100g
長ねぎ… ⅓本（30g）（みじん切り）
焼き豆腐… 1丁（300g）
　（2〜3 cm角に切る）
A　水… 80㎖
　みりん… 大さじ2
　みそ… 大さじ1
　しょうゆ… 小さじ2
　片栗粉… 小さじ2
　鶏ガラスープの素… 小さじ½
　にんにく（すりおろし）… 小さじ½
　しょうが（すりおろし）… 小さじ½
　豆板醤… 小さじ1（お好みで）
ごま油… 小さじ1

作り方

1 耐熱ボウルに、ひき肉、ねぎ、 A を入れてよく混ぜ合わせる（a）。

2 豆腐を加え、ふんわりとラップをかけて（b）、電子レンジで4分加熱する。

3 上下を返すように混ぜ、再びラップをかけて電子レンジで2分加熱する。仕上げにごま油を加えて混ぜ合わせる。お好みで小口切りにした青ねぎをかける。

advice

辛味が足りない場合は、豆板醤を足すか、仕上げにラー油をかけて。

水 80㎖
みりん 大2
みそ 大1
しょうゆ 小2
片栗粉 小2

鶏ガラスープの素 小½
にんにく（すりおろし）小½
しょうが（すりおろし）小½
豆板醤 小1

a

b

049

厚揚げ塩麻婆

`冷蔵 3日` `辛い物`

厚揚げで作るから
食べごたえ抜群

advice

いつもの麻婆豆腐よりあっさり
していて食べやすいです。

`600W 6分`

材料（2〜3人分）

豚ひき肉…100g
長ねぎ…½本（50g）
　（みじん切り）
厚揚げ…1と⅔枚（250g）
　（油抜きをして半分に切っ
　てから1cm幅に切る）
A｜水…100ml
　｜鶏ガラスープの素
　｜　…小さじ1

片栗粉…小さじ1
塩…小さじ½
にんにく（すりおろし）
　…小さじ½
しょうが（すりおろし）
　…小さじ½
赤とうがらし（輪切り）
　…少々
ごま油…大さじ1

作り方

1 耐熱ボウルにひき肉とねぎ、Aを入れて混ぜ合わせる。

2 厚揚げを加えて全体をざっくりと混ぜ合わせたら、ふんわりとラップをかけて（a）電子レンジで4分加熱する。

3 混ぜ合わせて再びラップをかけたら電子レンジで2分加熱する。仕上げにごま油を加えて混ぜる。

材料（2〜3人分）

豚ひき肉…100g
にんじん…¼本（50g）
　（細切り）
乾燥きくらげ…3g
　（水で戻して細切り）
緑豆春雨…50g
ニラ…½束（50g）
　（3cm長さに切る）
A｜水…250ml
　｜しょうゆ…大さじ2
　｜酒…大さじ2

砂糖…小さじ1
みそ（または甜麺醤）
　…小さじ1
鶏ガラスープの素
　…小さじ1
片栗粉…小さじ1
にんにく（すりおろし）
　…小さじ½
しょうが（すりおろし）
　…小さじ½
塩・こしょう…各少々
ごま油…大さじ1

作り方

1 耐熱ボウルにひき肉、にんじん、きくらげ、Aを入れて混ぜ合わせる。

2 1に水にさっとくぐらせた春雨をのせたらふんわりとラップをかけて（a）電子レンジで4分加熱する。

3 ニラを加えてざっくり混ぜたら再びラップをかけて電子レンジで2分加熱する。仕上げにごま油を加えて混ぜる。

麻婆春雨

`冷蔵 3日`

ご飯が一粒も
残らなくなる

`600W 6分`

advice

・1回目のレンチン後は水分が多く感じますが、その後どんどん春雨に吸われて少なくなるので気にせず作ってください。
・春雨は完全に水につからなくても大丈夫！　ラップの中の蒸気で戻ります。

れんこんひき肉はさみ

冷蔵 **3**日
お弁当

> レンチンだから
> 形崩れしない

材料（2〜3人分）

豚ひき肉…250g
長ねぎ…½本（50g）（みじん切り）
れんこん… 4 cm（120g）（5 mm厚さに切って水にさらしておく）

	A		B
	砂糖…小さじ1		しょうゆ
	しょうゆ…小さじ1		…大さじ3
	片栗粉…小さじ1		みりん…大さじ2
	しょうが（すりおろし）		砂糖…大さじ1
	…小さじ½		ごま油…小さじ1
			（※合わせておく）

作り方

1 ボウルにひき肉、ねぎ、**A**を入れてよくこねる（**a**）。

2 れんこんの直径と同じくらいの大きさの丸型に成形し、れんこんではさんだら片栗粉（分量外）をうすくはたいて耐熱容器に並べ入れ、ラップをふんわりとかけて（**b**）電子レンジで 6 分加熱する。

3 **B**を全体にかけてラップをせずに電子レンジで 2 分加熱する。

600W 8分

advice
れんこんでサンドせずに片側に
貼り付けるだけでもOKです。

砂糖 小1
しょうゆ 小1
片栗粉 小1
しょうが（すりおろし）
小½
a

b

材料（2〜3人分）

豚ひき肉…200g
白菜…⅛個（250g）
（粗みじん切り）
ニラ…½束（50g）
（粗みじん切り）

	A
	しょうゆ…大さじ2
	片栗粉…小さじ2
	鶏ガラスープの素
	…小さじ1
	にんにく（すりおろし）
	…小さじ½
	しょうが（すりおろし）
	…小さじ½
	塩・こしょう…各適量
	ごま油…小さじ1

作り方

1 耐熱ボウルにひき肉、白菜、**A**を入れてよくこねたらふんわりとラップをかけて（**a**）電子レンジで 4 分加熱する。

2 ニラを加えてよく混ぜ、再びラップをかけて電子レンジで 3 分加熱する。塩・こしょうで味をととのえ、ごま油を回しかける。

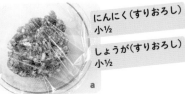

しょうゆ 大2
片栗粉 小2
鶏ガラスープの素
小1
にんにく（すりおろし）
小½
しょうが（すりおろし）
小½
a

食べたら餃子

冷蔵 **3**日

> 包む手間なし

advice
スプーンですくって食べてもよし、ご飯にのせてもOKです。

600W 7分

たっぷりキャベツと ミートボールのトマト煮

冷蔵 **3**日

もりもり
食べられる

600W
10分

材料（2〜3人分）

冷凍ミートボール…150g
カットトマト缶…½缶
キャベツ…¼個（300g）
　（ざく切り）

A ┃ 水…100㎖
　　トマトケチャップ…大さじ1
　　砂糖…小さじ1
　　塩…小さじ½
　　ハヤシルウ…1かけ
　　塩・こしょう…各少々

作り方

1 耐熱ボウルにミートボール、トマト缶、**A**を入れて混ぜ合わせる（**a**）。

2 キャベツをのせ、ふんわりとラップをかけて（**b**）電子レンジで8分加熱する。

3 かき混ぜたらハヤシルウを加え再びラップをかけて電子レンジで2分加熱する。

4 そのまま5分置き、余熱で火を通したらルウを溶かしながらよく混ぜ、塩・こしょうで味をととのえる。

advice

仕上げにピザ用チーズをかけてもおいしいです。

水 100㎖
トマトケチャップ
大1
砂糖 小1
塩 小½
a

b

ミートボール酢豚 冷蔵 3日

材料（2～3人分）

冷凍ミートボール…150g
冷凍揚げなす…50g
にんじん…¼本(50g)
　（1cm幅に切る）
玉ねぎ…½個(100g)
　（1cm幅に切る）
ピーマン…2個(80g)
　（食べやすい大きさに切る）
たけのこ水煮…30g
　（食べやすい大きさに切る）

A 砂糖…大さじ2
　酢…大さじ2
　しょうゆ…大さじ2
　水…大さじ2
　トマトケチャップ
　　…大さじ1
　酒…大さじ1
　みりん…小さじ2
　片栗粉…小さじ2
　（※合わせておく）

a

砂糖　大2
酢　大2
しょうゆ　大2
水　大2
トマトケチャップ　大1
酒　大1
みりん　小2
片栗粉　小2

b

作り方

1　耐熱ボウルにA以外のすべての材料を入れ、ふんわりとラップをかけて(a)電子レンジで9分加熱する。

2　Aを加えて混ぜ合わせたら再びラップをかけて(b)電子レンジで2分30秒加熱する。

600W
11分30秒

手間いらずで完成

advice

ミートボールの代わりに冷凍の鶏の唐あげでも。

器一つで
すぐ完成

600W
6分

鮭のちゃんちゃん焼き風

材料（1人分）

生鮭（切り身）… 1切れ
塩・こしょう…各少々
キャベツ… 2枚(100g)（2 cm角に切る）
長ねぎ… ¼本(25g)（1 cm幅の斜め切り）
しめじ… ¼パック(25g)
　（石づきを落としてほぐす）

A｜砂糖…大さじ½
　｜みそ…大さじ½
　｜めんつゆ…大さじ½
　（※合わせておく）
バター… 5g

作り方

1 鮭に塩・こしょうをふる。

2 耐熱皿にキャベツ、**A**の半量、**1**、ねぎ、しめじ、
残りの**A**の順にのせる。

3 ふんわりとラップをかけて(**a**)電子レンジで6分
加熱する。そのまま3分置き、余熱で火を通す。
仕上げにバターをのせる。

a

advice

クッキングシートで包んで包み
蒸しにしても。

鮭とじゃがいもの塩バター

冷蔵 **3**日　お弁当

優しい味が
食べたいときに

600W **6**分

材料（2〜3人分）

生鮭（切り身）… 2切れ（食べやすい大きさに切る）
塩・こしょう … 各適量
じゃがいも … 1〜2個（200g）（2cm角に切り、水にさらす）
バター … 10g

作り方

1　鮭に塩・こしょうをふる。耐熱ボウルにじゃがいもを入れ、ふんわりとラップをかけたら（**a**）電子レンジで3分加熱する。

2　鮭を上にのせて再びラップをかけて（**b**）電子レンジで3分加熱する。そのまま2分置き、余熱で火を通す。

3　バターを溶かしながら混ぜ、塩・こしょうで味をととのえる。

advice

脂ののった鮭を使うと、よりおいしく仕上がります。

材料（2〜3人分）

甘塩鮭（切り身）
　… 2切れ（3等分に切る）
玉ねぎ … ½個（100g）（薄切り）
ピーマン … 1個（40g）（細切り）
にんじん … ¼本（50g）（細切り）

A　酢 … 大さじ2
　しょうゆ … 大さじ2
　酒 … 大さじ2
　水 … 大さじ2
　砂糖 … 大さじ1
　（※合わせておく）

作り方

1　耐熱ボウルに、野菜、鮭の順に重ねて入れ、**A**を加えたらふんわりとラップをかけて（**a**）電子レンジで3分加熱する。

2　上下を返すように混ぜて再びラップをかけ、電子レンジで3分加熱する。

3　粗熱が取れたら冷蔵庫に入れ、味がなじむまで冷やす。

酢	大2
しょうゆ	大2
酒	大2
水	大2
砂糖	大1

鮭の南蛮漬け

冷蔵 **4**日　お弁当

我が家の
仲直りおかず

advice

生鮭を使う場合は、鮭に軽く塩をふってから加熱してください。

600W **6**分

#魚介

汁まで飲み
干したくなる

600W
4分

アクアパッツァ

材料（2人分）

たら（切り身）… 2切れ
塩・こしょう…各適量
あさり…160g（砂抜きをする）
ミニトマト
　…6個（半分に切る）

A　水…大さじ4
　オリーブオイル
　　…大さじ1
　白ワイン…大さじ1
　にんにく（すりおろし）
　　…小さじ½
　（※合わせておく）

作り方

1 たらは塩小さじ½（分量外）をふり、5分置き、出てきた水分を拭き取り塩・こしょうをふる。

2 耐熱皿の中央にたらを置き、周りを囲むようにあさりとミニトマトを置き、**A**を加える。

3 ふんわりとラップをかけて（**a**）電子レンジで4分加熱する。そのまま3分置き、余熱で火を通す。お好みできざんだパセリを散らす。

水　大4
オリーブオイル　大1
白ワイン　大1
にんにく（すりおろし）
　　小½

a

advice

レンチン後、あさりが開いていなければ30秒ずつ追加で加熱して様子を見てください。

たらと白菜の
さっぱり蒸し

さっぱりだけど
うまみは強烈

600W 4分

材料（1人分）

たら（切り身）… 1切れ
白菜… 1枚（100g）（2cm幅に切る）
しめじ… ⅓パック（30g）
　（石づきを落としてほぐす）
ベーコン（薄切り）… 1枚（20g）
　（1cm幅に切る）

塩・こしょう…各少々
白ワイン…小さじ1
バター…10g
ポン酢しょうゆ
　…お好みの量

作り方

1 耐熱皿に白菜を敷き、その上にたらをのせて塩・こしょうをふる。

2 1の上にしめじ、ベーコンをのせ白ワインをかけたらふんわりとラップをかけて（**a**）電子レンジで4分加熱する。

3 バターをのせて再びラップをかけそのまま2分置き、余熱でバターを溶かす。仕上げにポン酢をかける。

advice

たんぱくな白身魚もベーコンとバターを加えることでコク深く！

かつおのたたきねぎ塩漬け

こんな食べ方が!?
と感動された

材料（2〜3人分）

かつおのたたき…300g
　（さくの場合は、食べやすい大きさに切る）
長ねぎ…⅓本（30g）（みじん切り）
A ごま油…大さじ2
　塩…小さじ½
　しょうゆ…小さじ½
　にんにく（すりおろし）…小さじ½

作り方

1 ポリ袋にねぎと**A**を入れて手でよく揉んで混ぜ合わせたら、かつおを加えて全体になじませる（**a**）。

2 空気を抜きながら袋の口をとじ、冷蔵庫で1時間以上寝かせる。お好みで小口切りにした青ねぎをかける。

ごま油 大2
しょうゆ 小½
塩 小½
にんにく（すりおろし）
小½

レンジ
なしで
おいしい

advice

おつまみにしても丼にしてもおいしいです。

かさましえびマヨ

冷蔵 3日 お弁当

材料（2〜3人分）

むきえび…130g（粗みじん切り）
はんぺん…1枚（パッケージの
袋のまま手で細かくほぐす）

A 酒…大さじ1
片栗粉…小さじ2
塩…小さじ¼

B マヨネーズ…大さじ2
プレーンヨーグルト…大さじ1
トマトケチャップ…大さじ1
砂糖…小さじ1
レモン汁…小さじ½
（※合わせておく）

作り方

1 ポリ袋にえび、はんぺん、**A**を入れてよく揉んで混ぜる。

2 袋の角を切り落として耐熱皿に3cmくらいの大きさに絞り出す。ふんわりとラップをかけて（**a**）電子レンジで3分加熱する。そのまま5分置き、余熱で火を通す。

3 **B**を入れて（**b**）全体に絡める。お好みで小口切りにした青ねぎをかける。

はんぺんが
ぷりぷりえびに
変身

600W
3分

advice

ポリ袋で絞り出しにく
い場合は、手で丸めて
もOKです。

マヨネーズ　大2
ヨーグルト　大1
トマトケチャップ　大1
砂糖　小1
レモン汁　小½

まだ眠い時の朝ごはんにも！
ワンカップスープ

食材をカップに入れて
調理→食卓直行！

5分でできる定番台湾飯
鹹豆漿
（シェントウジャン）

材料（1人分）

鶏ガラスープの素 小1

豆乳（無調整）200ml

しょうゆ 小1

作り方
電子レンジで2〜3分加熱したら酢大さじ1を入れて混ぜ、固まるまでしばらく置く。

トッピング

ラー油
ザーサイ
干しえび
青ねぎ

カリカリに焼いたバゲットを添えて食べても

和食にも洋食にも合う
豆乳チャウダー
材料（1人分）

白菜 ½枚（50g）（細切り）

顆粒コンソメスープの素 小½

ハーフベーコン 1枚（細切り）

塩 小¼

こしょう

作り方
ふんわりとラップをかけて電子レンジで2分加熱する。豆乳（無調整）150mlを加えて再びラップをかけて電子レンジで1〜2分加熱する。

2回に分けてレンチンしてね！

入れて溶かす
ピザ用チーズ 大1

焼肉屋さんのあの味
わかめスープ
材料（1人分）

長ねぎ 3cm（みじん切り）

にんにく（すりおろし）小⅓

乾燥わかめ 小1

白いりごま 適量

顆粒コンソメスープの素 小1

作り方
熱湯200mlを注いで混ぜ、ごま油小さじ½を回しかける。

わかめは生のものを使ってももちろんOKです。

ポカポカ温まる
きのこしょうがスープ

材料（1人分）

お好みのきのこ 50g

しょうが（すりおろし）小½

白だし 大1

作り方
熱湯200mlを注ぎ、ふんわりとラップをかけて電子レンジで40秒加熱する。

温活にもおすすめです。

かける
青ねぎ

PART

3

· ·

無限に箸が進む！
即サブおかず

スピード副菜を、
豊富なバリエーションで一挙にご紹介します！

· ·

#キャベツ　#レタス　#ピーマン　#オクラ　#豆苗
#じゃがいも　#さつまいも　#にんじん
#れんこん　#ブロッコリー　#春雨　#こんにゃく
#切干大根　#ひじき　#ちくわ　#かぼちゃ
#えのきだけ　#きのこ　#長いも　#里いも
#小松菜　#ほうれん草　#白菜　#もやし　#パプリカ
#なす　#ニラ　#豆腐　#厚揚げ

自家製ごまドレキャベツ

冷蔵 **3日**

材料（2〜3人分）

キャベツ…¼個（300g）
　（ざく切り）
にんじん…¼本（50g）
　（せん切り）

〈自家製ごまドレ〉
白すりごま…大さじ3
マヨネーズ…大さじ3
ポン酢しょうゆ…大さじ1と½
ごま油…大さじ1
砂糖…小さじ1
（※合わせておく）

600W **3分**

秒でなくなる

作り方

1 耐熱のポリ袋にキャベツを入れて口をふんわりととじ（**a**）、電子レンジで3分加熱する。

2 粗熱を取ったら袋の角を切り落として水気をしっかりと絞る。

3 ボウルに**2**、にんじん、自家製ごまドレを入れてあえる。

advice

・キャベツの水分はしっかり絞ってください。
・ごまは「ちょっと多いかな？」と思うくらいが香りが感じられておいしいです。

a

600W **3分**

味見で
半分なくなる

調味料いらずの キャベツサラダ

冷蔵 **3日**

材料（2〜3人分）

キャベツ…¼個（300g）
　（ざく切り）
しらす干し…20g

塩昆布…10g
ごま油…大さじ1
白いりごま…適量

作り方

1 耐熱のポリ袋にキャベツを入れて口をふんわりととじ、電子レンジで3分加熱する。

2 粗熱が取れたら袋の角を切り落とし、水気を絞ってボウルにあけ、しらすと塩昆布を加え混ぜ合わせる（**a**）。ごま油と白いりごまを加え、さらに混ぜる。

advice

・塩昆布は商品によって塩分量が異なるので、味見をしながら分量を調節してください。
・しらす、塩昆布を全体になじませてからごま油を入れると、味が決まりやすいです。

a

ツナ缶キャベツ

600W 5分

冷蔵 **3日**

ツナとキャベツで
相性抜群

材料（2～3人分）

キャベツ…⅕個（250g）（ざく切り）
ツナ缶…１缶
鶏ガラスープの素…小さじ２
ごま油…大さじ１

作り方

1 耐熱ボウルにキャベツとツナ缶を油ごと入れたら鶏ガラスープの素を加え、混ぜ合わせる。

2 ふんわりとラップをかけて（**a**）電子レンジで５分加熱する。

3 仕上げにごま油を回しかける。

鶏ガラスープの素
小２
a

advice

ツナ缶を油ごと入れることでレンチンでもしっかりうまみを感じられます。

材料（2～3人分）

レタス…１個（食べやすい大きさにちぎる）
顆粒コンソメスープの素…小さじ２
ピザ用チーズ…50g
ポン酢しょうゆ…大さじ２

作り方

1 耐熱ボウルにレタスとコンソメスープの素を入れたらふんわりとラップをかけて（**a**）電子レンジで３分加熱する。

2 上下を返すように混ぜ、チーズを加えたら再びラップをかけて（**b**）電子レンジで１分加熱する。そのまま２分置く。

3 ポン酢を加えてチーズを溶かしながら混ぜ合わせる。お好みで黒こしょうをふる。

顆粒コンソメ
スープの素　小２
a　b

advice

時間がたつとレタスの苦味が出て、色も悪くなるので、ぜひできたてを召し上がってください！

レタスのチーズ蒸し

包丁

夫婦で沼った

600W 4分

カリカリ じゃこピーマン

冷蔵 4日　お弁当　辛い物

料理好きの母が嫉妬した

600W 7分

advice
ちりめんじゃこを使う場合は、加熱時間を半分程度にして様子を見ながらレンチンを。

材料（2〜3人分）

しらす干し…30g
ピーマン… 5個（200g）
　（縦4等分に切る）
ごま油…大さじ1

A　しょうゆ…大さじ1と½
　みりん…大さじ1
　砂糖…小さじ1
　ごま油…小さじ1
　赤とうがらし（輪切り）…少々

作り方

1　耐熱皿にしらすとごま油大さじ1を混ぜて広げる。耐熱のクッキングペーパーをかぶせ（a）、電子レンジで3分加熱したらスプーンなどでほぐしておく。

2　耐熱ボウルにピーマンとAを加えふんわりとラップをかけたら（b）電子レンジで4分加熱する。

3　2に1を混ぜ合わせる。

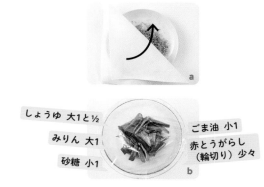

しょうゆ 大1と½
みりん 大1
砂糖 小1
ごま油 小1
赤とうがらし（輪切り）少々

材料（2〜3人分）

ピーマン… 5個（200g）（5mm幅の輪切り）
ツナ缶… 1缶
鶏ガラスープの素…小さじ1
ごま油…大さじ1
削り節…適量

作り方

1　耐熱ボウルにピーマン、ツナ缶、鶏ガラスープの素を入れて混ぜたら、ふんわりとラップをかけて（a）、電子レンジで3分加熱する。

2　粗熱を取り、ごま油と削り節を加えて混ぜる。

advice
仕上げにラー油をたらしてもおいしいです。

鶏ガラスープの素 小1

無限ピーマン

冷蔵 3日　お弁当

こりゃうまい！

600W 3分

063

オクラの
うま塩漬け

600W 2分

#オクラ

冷蔵 **5日**

漬けておけば
勝手においしくなる

材料（2〜3人分）

オクラ… 2パック（16本）
（板ずりしてヘタとガクを取り除く）

A｜白だし…大さじ3
　｜酢…大さじ½
　｜砂糖…小さじ⅓

作り方

1　耐熱のポリ袋にオクラを入れて口をふんわりととじたら（a）電子レンジで2分加熱する。

2　熱いうちにAを加えてよく揉んだら、袋の空気を抜いてとじ、冷蔵庫で2時間冷やす。

advice

レンチン前にオクラに楊枝等で穴をあけておくと、味が染み込みやすいです。

#豆苗

材料（2〜3人分）

干しえび… 7g
豆苗… 1袋（90g）（3㎝長さに切る）
ごま油…大さじ1
塩昆布…10g

作り方

1　耐熱ボウルに干しえびとごま油を入れて混ぜたらラップをかけずに（a）電子レンジで30秒加熱する。

2　豆苗を加えよく混ぜ合わせ、油が全体になじんだら、塩昆布を加えてさらによく混ぜる。

ごま油 大1

advice

先にごま油であえてから塩昆布を入れると、時間がたっても水分が出にくいです。

シャキうま
豆苗ナムル

冷蔵 **3日**

もっと早く
知りたかった

600W 30秒

新じゃがサラダ

冷蔵 **3日** / お弁当 / 辛い物

> 春のリクエスト
> ナンバーワン

材料（2〜3人分）

新じゃが…6個（300g）
　（皮つきのまま3cm角に切り、
　水にさらす）
冷凍枝豆…30g
塩・こしょう…各少々

A｜明太子…60g（約1本）
　（薄皮を取り除く）
　マヨネーズ…大さじ4
　レモン汁…小さじ1
　（※合わせておく）

作り方

1 耐熱ボウルに水切りしたじゃがいもと枝豆を入れてふんわりとラップをかけたら（a）電子レンジで5分加熱する。そのまま5分置き、余熱で火を通す。

2 粗熱を取りながらスプーンなどでつぶし、塩・こしょうをふり混ぜ合わせる。**A**を加えて全体を混ぜ合わせる。

advice

・普通のじゃがいもで作る場合は、皮をむいてください。
・加熱したじゃがいもに先に塩・こしょうをふることで、味にメリハリがつきます。

600W 5分

和風ポテトサラダ

冷蔵 **3日** / お弁当

> 大人風の
> ポテサラ完成

材料（2〜3人分）

じゃがいも…2個（300g）
　（皮をむき、3〜4cm角に切り、水にさらす）
青ねぎ…お好みの量（小口切り）
塩昆布…20g
マヨネーズ…大さじ3

作り方

1 耐熱ボウルに水切りしたじゃがいもを入れ、ふんわりとラップをかけて電子レンジで5分加熱する。そのまま5分置き、余熱で火を通す。

2 青ねぎ、塩昆布、マヨネーズを加え（a）混ぜ合わせる。

マヨネーズ　大3

advice

余熱後、ボウルの底に水分がたまっていたら、捨ててください。

600W 5分

しっとり のり塩ポテト

冷蔵 **3日**

お弁当

600W **5分**

子どもが ひとりじめ

材料（2〜3人分）

新じゃが … 4個（200g）（皮つきのまま 3cm角に切り、水にさらす）
ウインナー … 4本（5mm厚さの斜め切り）
バター … 10g
塩 … 小さじ¼
青のり … 適量

作り方

1 耐熱ボウルに水切りしたじゃがいもとウインナーを入れ、ふんわりとラップをかけて（**a**）電子レンジで5分加熱する。そのまま5分置き、余熱で火を通す。

2 バター、塩、青のりを加え（**b**）混ぜ合わせる。

塩 小¼
バター 10g
青のり お好みの量

advice

普通のじゃがいもで作る場合は、皮をむいてください。

材料（2〜3人分）

じゃがいも … 2個（300g）　　　バター … 10g
　（皮をむき、3cm角に切り、　　しょうゆ … 小さじ⅓
　水にさらす）　　　　　　　　青のり … 適量
たらこ … 50g（約1本）（薄皮を取り除く）

作り方

1 耐熱ボウルに水切りしたじゃがいもを入れふんわりとラップをかけて電子レンジで5分加熱する。そのまま5分置き、余熱で火を通す。

2 たらこ、バター、しょうゆ、青のりを加えて（**a**）混ぜ合わせる。

バター 10g
しょうゆ 小⅓
青のり 適量

advice

おつまみにもぴったり。ビールに合います！

たらもバター

冷蔵 **3日**

お弁当

無限に 食べられる

600W **5分**

さつまいもとれんこんの
デリ風サラダ

冷蔵 **3**日 　お弁当

材料（2〜3人分）

さつまいも…⅓本（100g）
　（皮を縞模様になるよう縦にむき、5mm厚さの輪切り
　にし、水にさらす）
れんこん…100g（5mm厚さの半月切りにし、水にさらす）
ハム（薄切り）…4枚（食べやすい大きさに切る）
乾燥ひじき…大さじ1（水で戻す）
A ┌ プレーンヨーグルト…大さじ1
　　│ マヨネーズ…大さじ1
　　│ 酢…小さじ1
　　│ 砂糖…小さじ½
　　└ 塩・こしょう…各適量

作り方

1 耐熱ボウルに水切りしたさつまいもとれんこんを入れたらふんわりとラップをかけて（**a**）電子レンジで3分加熱する。

2 粗熱を取り、ハム、水気を切ったひじき、**A**を入れて（**b**）混ぜ合わせる。お好みできざんだパセリをかける。

食物繊維
たっぷり

600W
3分

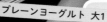

a

プレーンヨーグルト　大1
マヨネーズ　大1
酢　小1
砂糖　小½
塩・こしょう　各適量

b

advice

ヨーグルトを加えると酸味が加わり、さっぱり仕上がります。

さつまいもの おかずサラダ

冷蔵 **3**日

お弁当

家族も食いついた

advice
1回目のレンチンで水分が出た場合は、しっかり切ってください。

600W
7分**30**秒

材料（2〜3人分）

さつまいも … 1本(300g)
　（皮を縞模様になるよう縦にむき、5mm厚さの輪切りにし、水にさらす）
まいたけ … ½パック(50g)（ほぐす）
ハーフベーコン … 4枚（2cm幅に切る）

A｜マヨネーズ … 大さじ2
　オイスターソース … 大さじ1
　しょうゆ … 小さじ1
塩・こしょう … 適量
白いりごま … 各適量

作り方

1 耐熱ボウルに水切りしたさつまいも、まいたけ、ベーコンを入れて軽く混ぜたら、ふんわりとラップをかけて電子レンジで5分加熱する。

2 Aを加え上下を返すように混ぜたらラップはかけずに（**a**）電子レンジで2分30秒加熱する。

3 塩・こしょうで味をととのえ、白ごまを加えて混ぜ合わせる。

マヨネーズ 大2
オイスターソース 大1
しょうゆ 小1

材料（2〜3人分）

さつまいも … 1本(300g)
　（皮を縞模様になるよう縦にむき、1cm厚さの輪切りにし、水にさらす）
A｜水 … 200㎖
　砂糖 … 大さじ1
　はちみつ … 大さじ1
　レモン汁 … 小さじ1
　（※合わせておく）

作り方

耐熱ボウルに水を切ったさつまいもと残りの材料を入れ、ふんわりとラップをかけたら（**a**）電子レンジで6分加熱する。そのまま5分置き、余熱で火を通す。

水 200㎖
砂糖 大1
はちみつ 大1
レモン汁 小1

advice

電子レンジで作るので煮崩れが少なく作れます。

さつまいもの はちみつレモン煮

冷蔵 **5**日　お弁当

さわやかスイート

600W
6分

やみつき食感

にんじんパリパリ チーズチップス

材料（2～3人分）
にんじん…適量（1～2mm厚さの斜め輪切り）
ピザ用チーズ…適量

作り方

1　耐熱皿にオーブンシートを敷き、にんじんの上に
　　チーズをのせる（a）。

2　電子レンジで2～4分、チーズがパリパリになる
　　まで加熱する。お好みで乾燥パセリをふる。

600W
2-4分

advice

レンチン時間は、焦げ
ないように2分くらい
から様子を見ながら時
間調整してください。

材料（2～3人分）

にんじん	A	しょうゆ…小さじ1
…1本（200g）（せん切り）		かつおだしの素
ツナ缶…1缶		…小さじ½
卵…1個		塩・こしょう…各適量

作り方

1　耐熱ボウルに、にんじん、軽く油を切ったツナ缶、Aを
　　入れてよく混ぜ合わせたら、ふんわりとラップをかけ
　　（a）電子レンジで4分加熱する。

2　1に卵を割り入れて溶きほぐしながら全体にあえたら、
　　再びラップをかけて（b）電子レンジで1分加熱する。

3　全体を混ぜ合わせ、塩・こしょうで味をととのえる。

しょうゆ 小1
かつおだしの素
小½

advice

最後に混ぜ合わせる時に余熱で
卵が固まってくるのでボソボソ
になりません。

にんじんしりしり

600W
5分

冷蔵
3日　お弁当

会話がはずむ

たらこにんじん

#にんじん

冷蔵 **3日**　お弁当

大量に食べたい

600W **4分**

材料（2〜3人分）

にんじん… 1本（200g）（せん切り）
たらこ… 40g（約1本弱）（薄皮を取り除く）
めんつゆ（3倍濃縮）…小さじ1
ごま油…大さじ1

作り方

1 耐熱ボウルににんじんとめんつゆを入れてあえたら、ふんわりとラップをかけて（**a**）電子レンジで4分加熱する。

2 たらことごま油を加えて混ぜ合わせる。お好みで小口切りにした青ねぎをのせる。

めんつゆ 小1

a

advice

ごま油をバターに変えても一味
違った味わいに。

れんこんきんぴら

#れんこん

冷蔵 **5日**　お弁当　辛い物

レンジなら
きんぴらも簡単！

600W **6分30秒**

材料（2〜3人分）

れんこん…300g（2〜3mm厚さに切り、水にさらす）
A ┃ しょうゆ…大さじ1と½
　　オイスターソース…大さじ1
　　水…大さじ1
　　赤とうがらし（輪切り）…少々
ごま油…小さじ1
白いりごま…少々

作り方

1 耐熱ボウルに水切りしたれんこんと**A**を入れてよく混ぜ、ふんわりとラップをかけて（**a**）電子レンジで4分加熱する。

2 全体を混ぜ合わせたらラップをかけずに2分30秒加熱する。ごま油をかけて混ぜ合わせ、白ごまをかける。

しょうゆ 大1と½　　水 大1
オイスターソース 大1　　赤とうがらし（輪切り）少々
a

advice

れんこんを薄くスライスすると、シャキシャキに仕上がります。

お店レベルの シーザーサラダ

冷蔵 **3日** お弁当

思わず二度見される

材料（2〜3人分）
ブロッコリー… 1個（300g）（小房に分ける）
ハーフベーコン… 4枚
A｜マヨネーズ…大さじ3
　｜豆乳（無調整）（または牛乳）…大さじ2
　｜オリーブオイル…小さじ2
　｜レモン汁…小さじ1
　｜にんにく（すりおろし）…小さじ½
　｜（※合わせておく）
粉チーズ…適量

作り方

1 耐熱のポリ袋にブロッコリーを入れて、口をふんわりととじたら電子レンジで3分加熱する。氷水を張ったボウルに袋ごと入れて冷やす（**a**）。

2 耐熱皿に耐熱のクッキングペーパーを敷き、その上にベーコンを並べたら、上にもう1枚耐熱のクッキングペーパーをかぶせて（**b**）電子レンジで3分加熱する。

3 ボウルに、**1**、1cm幅に切った**2**、**A**を入れて混ぜ合わせ、粉チーズをかける。お好みで黒こしょうをふる。

600W **6分**

advice
ベーコンは加熱中、はじけるような音がしますが大丈夫！ ただし、上にペーパーをかぶせるのは忘れないようにしましょう。

a

b

デパ地下サラダ

冷蔵 **3日**

600W **3分**

レシピを聞かれる

材料（2〜3人分）
ブロッコリー… 1個（300g）（小房に分ける）
玉ねぎ…¼個（50g）（薄切り）
にんじん…¼本（50g）（せん切り）
ツナ缶… 1缶
A｜マヨネーズ…大さじ5
　｜砂糖…小さじ⅓
　｜塩・こしょう…各少々

作り方

1 耐熱のポリ袋にブロッコリーを入れて、口をふんわりととじたら電子レンジで3分加熱する。氷水を張ったボウルに袋ごと入れて冷やす。

2 ボウルに1、玉ねぎ、にんじん、ツナ缶、**A**を入れて（**a**）混ぜ合わせる。

マヨネーズ　大5
砂糖　小⅓
塩・こしょう　各少々
a

advice
作ってすぐよりも、冷蔵庫に30分ほど置くと、全体がなじんでよりおいしく食べられます。

ツナマヨ ブロッコリー

冷蔵 **3**日

お弁当

600W **3**分

もっと作れば
よかったと
後悔する

材料（2〜3人分）

ブロッコリー
　… 1個（300g）（小房に分ける）
ツナ缶… 1缶

A　マヨネーズ…大さじ2
　白すりごま…大さじ1
　ポン酢しょうゆ…大さじ1
　ごま油…小さじ1
　砂糖…小さじ½

作り方

1 耐熱のポリ袋にブロッコリーを入れて、口をふんわりととじたら電子レンジで3分加熱する。氷水を張ったボウルに袋ごと入れて冷やす。

2 ボウルに**1**、ツナ缶、**A**を入れて（**a**）混ぜ合わせる。

マヨネーズ 大2
白すりごま 大1
ポン酢しょうゆ 大1
ごま油 小1
砂糖 小½
a

advice

ブロッコリーは加熱後、直接水に触れさせないことで、べちゃべちゃにならずふんわりとした仕上がりになります。

材料（作りやすい分量）

ブロッコリーの茎… 1個分（80g）（根本の固い部分と汚れのある部分を取り除き、2mm厚さの輪切り）
干しえび…適量
A　ごま油…小さじ1
　鶏ガラスープの素…小さじ½
　塩・こしょう…各少々

作り方

1 耐熱ボウルにブロッコリーの茎を入れ、ふんわりとラップをかけて（**a**）電子レンジで2分加熱する。

2 熱いうちに干しえびと**A**を加えて（**b**）混ぜ合わせる。

ごま油 小1
鶏ガラスープの素 小½
a
塩・こしょう 各少々
b

advice

・シャキシャキ感が残った方がおいしいので、加熱しすぎに注意してください。
・お好みでラー油を加えると、ザーサイのような仕上がりに。

ブロッコリーの 茎ナムル

冷蔵 **3**日

お弁当

知らなかった
ことを後悔する

600W **2**分

ペペロンブロッコリー

 冷蔵 3日　 お弁当　 辛い物

にんにく風味が
あとひくおいしさ

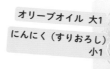

材料（2〜3人分）

ブロッコリー… 1個（300g）（小房に分ける）
ハーフベーコン… 4枚（1cm幅に切る）
オリーブオイル…大さじ1
にんにく（すりおろし）…小さじ1
赤とうがらし（輪切り）…少々
塩・こしょう…各適量

作り方

耐熱ボウルにすべての材料を入れたら混ぜ合わせ、ふんわりとラップをかけて（a）電子レンジで4分加熱する。

オリーブオイル 大1
にんにく（すりおろし）小1
赤とうがらし（輪切り）少々
塩・こしょう 各適量
a

600W
4分

advice

ブロッコリーの代わりにアスパラガス・キャベツなどでも。

よだれブロッコリー

冷蔵 3日　辛い物

メイン料理も
かすむ

材料（2〜3人分）

ブロッコリー… 1個（300g）（小房に分ける）
A｜砂糖…大さじ1
　｜酢…大さじ1
　｜しょうゆ…大さじ1
　｜ごま油…大さじ1
　｜オイスターソース…小さじ2
　｜しょうが（すりおろし）…小さじ⅓
　｜にんにく（すりおろし）…小さじ⅓
　｜ナッツ（ピーナッツ、アーモンドなど）…10g（粗くきざむ）
　｜赤とうがらし（輪切り）…少々
　｜（※合わせておく）

作り方

1 耐熱のポリ袋にブロッコリーを入れて、口をふんわりととじたら電子レンジで3分加熱する。氷水を張ったボウルに袋ごと入れて冷やす。

2 ボウルに1とAを入れて（a）混ぜ合わせる。

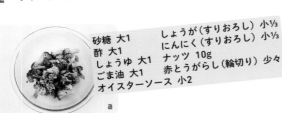

砂糖 大1　しょうが（すりおろし）小⅓
酢 大1　にんにく（すりおろし）小⅓
しょうゆ 大1　ナッツ 10g
ごま油 大1　赤とうがらし（輪切り）少々
オイスターソース 小2
a

advice

ナッツがたれを絡みやすくし、歯ごたえのアクセントになっているのでぜひ入れて作ってみて！　苦手な場合は、すりごまで代用可能です。

600W
3分

マヨ春雨サラダ

冷蔵 **3日** お弁当

材料（2〜3人分）

きゅうり
… 1本（せん切り）
緑豆春雨…50g
ツナ缶…1缶

A｜水…200mℓ
　｜酢…大さじ2
　｜砂糖…大さじ1
　｜しょうゆ…大さじ1
マヨネーズ…大さじ4
白すりごま…適量

#春雨

作り方

1 きゅうりはポリ袋に入れて塩小さじ¼（分量外）をまぶし5分置く。袋の角を切り落とし、出てきた水分を絞る。

2 耐熱ボウルに水にさっとくぐらせた春雨とAを入れ（a）、ふんわりとラップをかけたら電子レンジで5分加熱する。軽く混ぜ、粗熱を取る。

3 2に1とツナ缶を加え混ぜ合わせたら冷蔵庫で冷やす。仕上げにマヨネーズと白ごまを入れて混ぜ合わせる。

完成を待ち構えられる

600W **5分**

水 200mℓ ／ 酢 大2 ／ 砂糖 大1 ／ しょうゆ 大1
a

advice
レンチン直後は水分が多めに残っていますが、次第に春雨が水分を吸うのでご安心を。

ピリ辛こんにゃく煮

冷蔵 **5日** お弁当 辛

#こんにゃく

600W **3分**

アク抜き済みを使えばよりかんたん

材料（2〜3人分）

こんにゃく…1枚（必要であればアク抜きをして両面に格子状に細かく切り込みを入れ、2cm角に切る）
A｜しょうゆ…大さじ2
　｜みりん…大さじ2
　｜砂糖…大さじ1
　｜赤とうがらし（輪切り）…少々
ごま油…小さじ1
削り節…少々

作り方

1 耐熱ボウルにこんにゃくとAを入れ、水でぬらした耐熱のキッチンペーパーをかぶせたら、ラップはせずに（a）電子レンジで3分加熱する。

2 ごま油と削り節を加えて混ぜ、冷ます。

しょうゆ 大2 ／ みりん 大2 ／ 砂糖 大1 ／ 赤とうがらし（輪切り）少々

a

advice
一度冷めてからのほうが味が染みておいしくなります。

切干大根の和風カレー煮

冷蔵 3日 | お弁当

子どもも
パクパク食べる

600W
5分

材料（2〜3人分）

切干大根…20g（水で戻す）
にんじん…¹⁄₁₀本（20g）（せん切り）
さつま揚げ…30g（薄切り）
A　めんつゆ（3倍濃縮）…大さじ2
　　カレー粉…小さじ½

作り方

1　耐熱ボウルに水気を絞った切干大根、にんじん、さつま揚げ、Aを入れて混ぜ合わせる。ラップをふんわりとかけて（a）電子レンジで5分加熱する。

2　全体をかき混ぜてから、一度冷まして味がなじんだらお好みで青のりをかける。

めんつゆ 大2　　　カレー粉 小½

a

advice

さつま揚げの代わりに油揚げを
使ってもおいしいです。

ひじきの煮物

冷蔵 5日 | お弁当

ほの甘くて懐かしい
定番おかず

600W
5分

材料（2〜3人分）

乾燥ひじき…15g（水で戻す）
にんじん…¼本（50g）（せん切り）
油揚げ…1枚（油抜きをして1cm幅に切る）
水…大さじ2
砂糖…大さじ1と½
しょうゆ…大さじ1と½
みりん…大さじ1と½
酒…小さじ1
かつおだしの素…小さじ½

作り方

1　耐熱ボウルに水気を切ったひじきと残りの材料を入れて混ぜ、ふんわりとラップをかけて（a）電子レンジで5分加熱する。

2　全体をかきまぜてから、一度冷まして、味をなじませる。

水 大2　　　　　みりん 大1と½
砂糖 大1と½　　　酒 小1
しょうゆ 大1と½　　かつおだしの素 小½

a

advice

水煮大豆を加えると栄
養とボリュームアップ。

600W
3分

甘辛ちくラ（P.15）の
兄弟レシピ

ちくンナー

冷蔵 3日　お弁当

材料（2〜3人分）

ちくわ… 5本（半分の長さに切る）
ウインナー…10本
トマトケチャップ…大さじ 2
こしょう…少々

作り方

1 ちくわの穴にウインナーを詰める。

2 耐熱ボウルに入れ、ふんわりとラップをかけて（a）電子レンジで 3分加熱する。

3 ケチャップとこしょうを加えて混ぜる。仕上げにお好みで乾燥パセリをふる。

advice

ウインナーはなるべく
細めのものが詰めやす
いです。

材料（2〜3人分）

かぼちゃ…¼個（400g）（5mm厚さに切る）
レッドオニオン…¼個（50g）（薄切り）
きゅうり… 1本（縦半分に切ってから斜め薄切り）
ハム（薄切り）… 4枚（食べやすい大きさに切る）
〈マリネ液〉
酢…大さじ 2　砂糖…大さじ 1
オリーブオイル…大さじ 1
粒マスタード…小さじ 1
塩…小さじ½
（※合わせておく）

作り方

1 耐熱ボウルにかぼちゃを入れ、ふんわりとラップをかけて電子レンジで 2分加熱する。

2 1に残りのすべての材料を加え混ぜ合わせる。冷蔵庫で30分冷やす（a）。

※材料を
混ぜ合わせる

酢 大2
砂糖 大1
オリーブオイル 大1
粒マスタード 小1
塩 小½

advice

辛味が苦手な場合は、粒マスタードな
しでもおいしいです。

かぼちゃの
マスタードマリネ

冷蔵 3日　お弁当

600W
2分

煮物に飽きたら

一度食べたらやめられない

合法 やみつきえのき

冷蔵 3日　辛い物

材料（2〜3人分）

えのきだけ… 2パック（200g）（石づきを落としてさく）
長ねぎ…¼本（25g）（みじん切り）
A｜しょうゆ…40㎖
　｜水…40㎖
　｜白いりごま…大さじ1
　｜砂糖…大さじ1
　｜ごま油…大さじ1
　｜にんにく（すりおろし）…少々
　｜赤とうがらし（輪切り）…少々

作り方

1 耐熱ボウルにえのきを入れ、ふんわりとラップをかけて（a）電子レンジで2分加熱する。

2 長ねぎとAを混ぜ合わせ、1が熱いうちに加えて混ぜる。冷蔵庫で30分冷やす。

advice
卵黄を添えて食べるのを超絶におすすめします。

600W 2分

自家製なめたけ

冷蔵 5日

材料（2〜3人分）

えのきだけ
　… 2パック（200g）（石づきを落とし、5㎝長さに切る）
めんつゆ（3倍濃縮）…大さじ3
しょうゆ…小さじ1
酢…小さじ1

作り方

1 耐熱ボウルにえのき、めんつゆ、しょうゆを入れ、ふんわりとラップをかけて（a）電子レンジで4分加熱する。

2 酢を加えて混ぜたら、再びラップをかけて電子レンジで2分加熱し、冷ます。

めんつゆ 大3　しょうゆ 小1

自家製だからたくさん食べられる

advice
ごはんはもちろん、パスタや豆腐にかけても。

600W 6分

かりかりえのチー

600W
2-3分

おつまみ
にぴったり

材料（2〜3人分）

えのきだけ…適量（石づきを落としてさく）
ピザ用チーズ…適量

作り方

1 耐熱皿にクッキングシートを広げ、その上にえのきを
のせ、チーズをかける（a）。

2 ラップはかけずに電子レンジで2〜3分、チーズがパ
リパリになるまで加熱する。

advice

・チーズは焦げやすいので、様子を見ながら加
熱時間を調整してください。
・えのきは多すぎるとべちょべちょになるので、
少ないかな？くらいがちょうどいいです。

材料（2〜3人分）

えのきだけ…1パック（100g）（石づきを落として半分に切る）
乾燥わかめ…大さじ1（水で戻す）
A｜マヨネーズ…大さじ2
　｜白すりごま…大さじ1
　｜鶏ガラスープの素…小さじ2
　｜しょうゆ…小さじ1
　｜ごま油…小さじ1

作り方

1 耐熱ボウルにえのきを入れ、ふんわりとラップをかけ
て電子レンジで2分加熱する。

2 水分を絞ったわかめとAを加えて（a）混ぜ合わせる。

マヨネーズ **大2**
白すりごま **大1**
鶏ガラスープの素 **小2**
しょうゆ **小1**
ごま油 **小1**

advice

えのきをレンチンしたあと水分が出て
いたら水気を絞っておくと、味がぼや
けるのを防げます。

ごまマヨ
えのきわかめ

冷蔵
3日

600W
2分

ヘルシー食材
なのにこくうま

きのこの包み蒸し

材料（1人分）

お好みのきのこ（今回は、しめじ、
まいたけ、えのきだけ）
…100g（石づきを落としほぐす）
めんつゆ（3倍濃縮）…小さじ1
バター…10g

作り方

1 クッキングシートの上にきのこをのせたらめんつ
ゆをかけ（**a**）、シートの両端をキャンディのよう
にねじってとじる（**b**）。

2 **1**を耐熱皿にのせて電子レンジで2分加熱する。
仕上げにバターをのせ、お好みで小口切りにした
青ねぎをかける。

きのこのうまみ
たっぷり

600W
2分

advice

めんつゆを酒に代えて、食べる
ときにポン酢しょうゆをかけて
も◎。

めんつゆ 小1

a

b

シャキホク
おいしい

600W
4分

長いもときのこの
バターしょうゆ

冷蔵 **3日** お弁当

材料（2～3人分）

長いも…¼本(150g)（7～8㎜厚さの半月切り）
エリンギ(お好みのきのこ)…100g(石づきを落としてさく)
バター…10g
しょうゆ…大さじ½
塩・こしょう…各適量

作り方

1 耐熱ボウルに長いもとエリンギを入れ、ふんわりとラップをかけて（**a**）電子レンジで4分加熱する。

2 バターとしょうゆを加えて余熱で溶かしながら混ぜ、塩・こしょうで味をととのえる。

advice

レンチン後、水分が出ていたら捨ててください。

材料（2～3人分）

長いも…250g（1㎝厚さの半月切り）
ハーフベーコン…4枚（1㎝幅に切る）
マヨネーズ…大さじ2
しょうゆ…小さじ1
塩・こしょう…各少々

作り方

1 耐熱ボウルに長いもとベーコンを入れ、ふんわりとラップをかけて（**a**）電子レンジで5分加熱する。

2 粗熱を取りながらスプーンなどで長いもをつぶしたら、マヨネーズ、しょうゆ、塩・こしょうを加えて（**b**）混ぜ合わせる。お好みで黒こしょうをふる。

マヨネーズ　大2
しょうゆ　小1
塩・こしょう　各少々

advice

長いもはかたまりを残しながらつぶすと、食感が楽しめるのでおすすめです。

ねっとり長いも
ポテサラ

冷蔵 **3日** お弁当

ポテサラ好きも
脱帽

600W
5分

コロコロ長いもの そぼろ煮

これなら 子どもも食べやすい

冷蔵 3日

材料（2〜3人分）

長いも…200g（1cm角に切る）
豚ひき肉…200g
A 酒…大さじ1
しょうゆ…小さじ1
しょうが（すりおろし）…小さじ½
片栗粉…小さじ1

B しょうゆ…大さじ1と½
みりん…大さじ1と½
塩・こしょう…各適量

作り方

1 耐熱ボウルにひき肉と **A** を入れてよく揉み込んだら片栗粉を加えて揉み、5分置く。

2 長いも、**B** を加えてふんわりとラップをかけたら（**a**）電子レンジで3分加熱する。

3 上下を返すように混ぜ、水で濡らして絞った耐熱のクッキングペーパーをかぶせ、ラップはかけずに3分加熱する。塩・こしょうで味をととのえる。

600W 6分

advice

ペーパーがひき肉の余分な脂を吸って、雑味を取り除きます。

しょうゆ 大1と½
みりん 大1と½

a

材料（2〜3人分）

冷凍里いも…300g（流水で半解凍にし、半分に切る）
玉ねぎ…¼個（50g）（薄切り）
ウインナー…4本（5mm厚さの斜め切り）
顆粒コンソメスープの素…小さじ½
にんにく（すりおろし）…小さじ⅓
塩・こしょう…各適量

作り方

1 耐熱ボウルに里いも、玉ねぎ、ウインナー、コンソメ、にんにくを入れて（**a**）ふんわりとラップをかけ電子レンジで5分加熱する。そのまま2分置き、余熱で火を通す。

2 塩とこしょうを加えて混ぜ合わせる。

顆粒コンソメスープの素 小½

にんにく（すりおろし）小⅓

a

advice

ウインナーの代わりに厚切りのベーコンを入れてもおいしいです。

ジャーマン里いも

冷蔵 3日 **お弁当**

里いもの 洋風アレンジ

600W 5分

里いもの明太マヨサラダ

冷蔵 **3**日　お弁当 　辛い物

材料（2〜3人分）
冷凍里いも…300g（流水で半解凍にし、半分に切る）
明太子…80g（約1本半）（薄皮を取り除く）
マヨネーズ…大さじ1

作り方

1 耐熱のポリ袋に里いもを入れ、ふんわりと口をとじたら（**a**）電子レンジで5分加熱する。熱いうちにふきんなどを当てながら袋の上からつぶす。

2 明太子とマヨネーズを加え混ぜ合わせる。お好みで小口切りにした青ねぎをちらす。

600W
5分

食感が
クセになる

advice

里いもは粗めにつぶすとホクホク、しっかりつぶすとねっとりとした食感になります。お好みの加減でつぶしてみてください。

a

水切り不要の
お手軽白あえ

冷蔵 **1日**

家族で
ペロリ

材料（2〜3人分）

小松菜… 1袋(200g)（ざく切り）
にんじん…¼本(50g)（細切り）
〈あえ衣〉
　木綿豆腐…150g
　白すりごま…大さじ2
　おからパウダー…大さじ2
　砂糖…大さじ1
　しょうゆ…大さじ1

作り方

1 耐熱のポリ袋に小松菜とにんじんを入れ、ふんわり
と口をとじたら（a）電子レンジで4分加熱し、粗熱
を取る。

2 ボウルにあえ衣の豆腐を入れてつぶし、ほかの調味
料と混ぜ合わせる。

3 **2**に袋の角を切り落とし水気を絞った**1**を入れて混
ぜ合わせる。

advice

おからパウダーは種類
によって仕上がりが異
なるので、大さじ1く
らいから様子を見なが
ら調整していくと◎。

600W
4分

売れっこほうれん草

冷蔵 **3日**　お弁当

材料（2〜3人分）

ほうれん草
　… 1袋(200g)（ざく切り）
かに風味かまぼこ
　… 5〜6本(ほぐす)

A ごま油…大さじ1
　焼きのり…½枚(ちぎる)
　鶏ガラスープの素…小さじ½
　塩…小さじ⅓
　白いりごま…適量

作り方

1 耐熱のポリ袋にほうれん草と浸るくらいの水を入れて
10分さらしたら袋の角を切り落とし水を切る。口をふ
んわりととじて電子レンジで3分加熱する。

2 **1**を氷水を張ったボウルに袋ごと入れて冷やす。

3 ボウルに水気を絞った**2**、かに風味かまぼこ、**A**を入れ
て（a）混ぜ合わせる。

ごま油 大1　　　　塩 小⅓
焼きのり ½枚　　　白いりごま 適量
鶏ガラスープの素 小½

争奪戦が勃発する

advice

かに風味かまぼこの代わりにち
くわやかまぼこ、カリッと焼い
た油揚げを入れても。

600W
3分

＃白菜

白菜ベーコン

冷蔵 **3日**

材料（2〜3人分）

白菜… 3枚(300g)（5mm幅に切る）
ハーフベーコン… 4枚（5mm幅に切る）
顆粒コンソメスープの素…小さじ1
塩・こしょう…各適量

作り方

1 耐熱ボウルに白菜、ベーコン、コンソメを入れ、ふんわりとラップをかけて（ⓐ）電子レンジで5分加熱する。

3 全体を混ぜ合わせ、塩・こしょうで味をととのえる。

顆粒コンソメ
スープの素 小1

600W
5分

スープまで
ごくごく飲める

advice

黒こしょうをたっぷりかけたりバターを加えたりしてもおいしいです。

白菜のくたくた煮

冷蔵 **3日**

材料（2〜3人分）

白菜… 3枚(300g)（2cm幅に切る）
油揚げ… 1枚(油抜きをして横半分に切ってから1cm幅に切る)
めんつゆ（3倍濃縮）…大さじ2

作り方

耐熱ボウルにすべての材料を入れて混ぜ、ふんわりとラップをかけて（ⓐ）電子レンジで5分加熱する。

めんつゆ 大2

600W
5分

お揚げ
じゅわ〜

advice

油揚げは、ツナ缶に置き換えてもおいしいです。

うま辛もやし

冷蔵 **3**日 辛い物

ニラが
シャキシャキ

材料（2〜3人分）
もやし… 1袋(200g)
ニラ…⅓束(30g)（4cm長さに切る）
A｜しょうゆ…小さじ2
　｜豆板醤…小さじ1
　｜鶏ガラスープの素…小さじ1
　｜ごま油…大さじ1
　｜白いりごま…適量

作り方
1 耐熱のポリ袋にもやしを入れ、口をふんわりととじて電子レンジで2分加熱する。

2 1が熱いうちに、ニラを加えて2〜3分置き、余熱でニラに火を通す。

3 粗熱を取り、水気が出たら絞る。ボウルに入れAを加えて（**a**）混ぜ合わせる。

advice
豆板醤の量が多めのレシピなので、辛さが苦手な場合は、お好みで調整してください。

600W
2分

しょうゆ 小2
豆板醤 小1
鶏ガラスープの素 小1
ごま油 大1
白いりごま 適量
a

材料（2〜3人分）
もやし… 2袋(400g)
青ねぎ…50g
　（1cm幅の斜め切り）
ツナ缶… 1缶

A｜マヨネーズ…大さじ4
　｜ポン酢しょうゆ…大さじ2
粗びき黒こしょう…少々

作り方
1 耐熱のポリ袋にもやしを入れ、口をふんわりととじて電子レンジで3分加熱する。

2 1の粗熱を取り、袋の角をカットして水気を絞ったら、ボウルに入れる。

3 2に青ねぎ、軽く油を切ったツナ缶、Aを加え（**a**）、混ぜ合わせる。仕上げに黒こしょうをふる。

マヨネーズ 大4
ポン酢しょうゆ 大2
a

advice
・青ねぎは、長ねぎの青い部分でもOKです。
・黒こしょうはたっぷりふると、味がしまっておいしいです。

もやしの
ねぎマヨポン

冷蔵 **3**日

リクエストが
絶えない

600W
3分

600W 8分

ラタトゥイユ 冷蔵 3日

材料（2〜3人分）

なす… 2本(160g)（1cm厚さのいちょう切り）
黄パプリカ…½個(40g)（1cm角に切る）
玉ねぎ…¼個(50g)（1cm角に切る）
にんにく… 1かけ(薄切り)
トマト…大1個(200g)（乱切り）
オリーブオイル…大さじ2
A ┃ 顆粒コンソメスープの素…小さじ1
　┃ ローリエ… 1枚
　┃ 塩… 1つまみ
レモン汁…大さじ1
塩・こしょう…各適量

作り方

1 ポリ袋になす、パプリカ、玉ねぎ、にんにく、オリーブオイルを入れ、なじませる。

2 耐熱ボウルに**1**、トマト、**A**を入れたらざっくり混ぜ、ふんわりとラップをかけて（**a**）電子レンジで4分加熱する。全体を混ぜたらラップをかけずにさらに4分加熱する。

3 粗熱を取りながら混ぜ、レモン汁を加え、塩・こしょうで味をととのえる。冷蔵庫で冷やす。

advice
焼いたお肉のソースにしたり、パンにのせてピザトーストのようにして食べても。

> 煮込み料理もレンチンでかんたん

顆粒コンソメスープの素 小1
ローリエ 1枚
塩 1つまみ

> 我が家の夏の定番メニュー

600W 5分

夏野菜の カラフルマリネ 冷蔵 5日

材料（2〜3人分）

ズッキーニ… 1本(200g)（1cm厚さの輪切り）
赤・黄パプリカ…各½個(各40g)（2cm角に切る）
A ┃ 酢…大さじ3
　┃ オリーブオイル…大さじ3
　┃ 砂糖…大さじ1
　┃ 塩…小さじ⅓
　┃ こしょう…少々
　┃ （※合わせておく）

作り方

1 耐熱ボウルにズッキーニとパプリカを入れ、ふんわりとラップをかけて電子レンジで5分加熱する。

2 **1**が熱いうちに**A**を加えて混ぜ、落としラップをする（**a**）。粗熱が取れたら冷蔵庫で2時間以上冷やす。

advice
レンチン後に水分が出たら水気を切っておくと、味がぼやけません。

酢 大3
オリーブオイル 大3
砂糖 大1
塩 小⅓
こしょう 少々

なすの ミルフィーユ漬け

冷蔵
5日

600W
5分

暑さで疲れた
体を癒やす

材料（2〜3人分）

なす… 4本(320g)（7〜8mm厚さの斜め切り）
大葉…10枚
ごま油…大さじ2
A｜ しょうゆ…大さじ3
　｜ 酢…大さじ3
　｜ 砂糖…大さじ2
　｜（※合わせておく）

作り方

1 ポリ袋になすとごま油を入れてしっかりなじませる。

2 耐熱ボウルに**1**を入れ、ふんわりとラップをかけて（a）電子レンジで5分加熱する。

3 器に**2**のなすと大葉を交互に重ね、**A**をかけたら落としラップをする。粗熱が取れたら冷蔵庫で冷やす。

advice

・なすは必ず熱いうちに調味液に浸けて、味をしっかり染み込ませてください。
・素麺の具にしてもおいしいです。

材料（2〜3人分）

なす… 4本(320g)
〈たれ〉
　長ねぎ…½本(50g)（みじん切り）
　砂糖…大さじ1
　酢…大さじ1
　しょうゆ…大さじ1
　ごま油…小さじ1
　しょうが（すりおろし）
　　…小さじ⅓
　にんにく（すりおろし）
　　…小さじ⅓
　（※合わせておく）

作り方

1 耐熱のポリ袋になすを並べて入れ、口をふんわりととじたら電子レンジで6分加熱する。氷水を張ったボウルに袋ごと入れて冷やす（a）。

2 別のボウルに、手でさいたなすとたれを入れて混ぜ合わせる。

advice

・レンチン後、すぐに氷水で冷やすことで色鮮やかに仕上がります。
・たれはポン酢しょうゆとおかかだけのシンプルなものでもおいしいです。

無限なす

冷蔵
3日

600W
6分

人気独占

とろーりなすの ツナあえ

冷蔵 **3**日 ／ 包丁

600W
6分

もはや飲み物

材料（2〜3人分）

なす… 4本(320g)
ツナ缶… 1缶
A｜しょうゆ…大さじ1
　｜オリーブオイル…大さじ1
　｜レモン汁…大さじ1

作り方

1. 耐熱のポリ袋になすを並べて入れ、口をふんわりととじたら電子レンジで6分加熱する。氷水を張ったボウルに袋ごと入れて冷やす。

2. 別のボウルに、手でさいたなすと油を軽く切ったツナ缶、Aを入れて(a)混ぜ合わせる。お好みで小口切りにした青ねぎをかける。

しょうゆ 大1
オリーブオイル 大1
レモン汁 大1
a

advice

なすは、指で押したときに下までぐっと押せるくらいしっかり加熱するのがトロトロに仕上がるコツです。

材料（2〜3人分）

ニラ… 2束(200g)（4㎝長さに切る）
ツナ缶… 1缶
A｜白すりごま…大さじ2
　｜砂糖…大さじ1
　｜しょうゆ…大さじ1
　｜マヨネーズ…大さじ1

作り方

1. 耐熱のポリ袋にニラを入れ、口をふんわりととじたら電子レンジで2分加熱する。氷水を張ったボウルに袋ごと入れて冷やす。

2. ボウルに1、油を軽く切ったツナ缶、Aを入れて(a)混ぜ合わせる。

白すりごま 大2
砂糖 大1
しょうゆ 大1
マヨネーズ 大1
a

advice

炒めるよりも臭みが少なく食べやすいですよ！

ニラマヨ しょうゆあえ

冷蔵 **3**日

600W
2分

ニラとマヨの
最強パンチ

ヘルシーなのに
クリーミーでとろーり

600W
1分30秒

豆乳チーズやっこ

包丁

材料（1人分）
絹豆腐… 1丁（150g）
豆乳（無調整）… 100mℓ
めんつゆ（3倍濃縮）… 大さじ1
スライスチーズ… 1枚

作り方
耐熱皿に豆腐を入れ、豆乳とめんつゆをかける。上に
スライスチーズをのせたらふんわりとラップをかけて
（**a**）電子レンジで1分30秒加熱する。お好みでかに風
味かまぼこや小口切りにした青ねぎをのせる。

豆乳 100mℓ
めんつゆ 大1

a

advice

豆乳とめんつゆは、豆腐が入っていたパックを使
い、スケールで計量すると洗い物が出ず便利です。
豆乳100mℓ＝105g、めんつゆ大さじ1＝15gです。

材料（2〜3人分）
木綿豆腐… 1丁（150g）（6等分に切る）
〈あんかけ〉
　お好みのきのこ…100g
　　（今回はまいたけとしめじ）（石づきを落としてほぐす）
　水…100mℓ
　めんつゆ（3倍濃縮）… 大さじ2
　片栗粉…小さじ2
　しょうゆ…小さじ1
しょうが（すりおろし）…適量

作り方

1 耐熱ボウルにあんかけの材料を入れて混ぜ合わせ、ふん
　わりとラップをかけて（**a**）電子レンジで3分加熱する。

2 豆腐を加えざっくり混ぜ、再びラップをかけて電子レン
　ジで3分加熱する。しょうがをのせ、お好みで小口切り
　にした青ねぎをかける。

水 100mℓ
めんつゆ 大2
片栗粉 小2
しょうゆ 小1

a

advice

お好みのきのこを使って作ってみてください。

きのこ
あんかけ豆腐

アツアツ
あんかけが
うまい

600W
6分

「また食べたい」
と言われる

600W
6分

厚揚げの南蛮漬け

冷蔵
4日

材料（2〜3人分）

厚揚げ… 2枚（300g）
　（油抜きをして半分に切ってから1.5cm幅に切る）

長ねぎ…½本（50g）（斜め薄切り）

冷凍揚げなす…100g

A ┌ 酢…大さじ3
　│ しょうゆ…大さじ3
　│ 砂糖…大さじ2
　└ かつおだしの素…小さじ½
　（※合わせておく）

作り方

1 耐熱ボウルになすを一番下にしてすべての材料を入れ、ふんわりとラップをかけて（**a**）電子レンジで3分加熱する。

2 全体を混ぜ合わせたら再びラップをかけて電子レンジで3分加熱する。

3 粗熱を取りながら混ぜ、落としラップをして冷蔵庫で冷やす。

酢 大3
しょうゆ 大3
砂糖 大2
かつおだしの素 小½

a

advice

・厚揚げは油抜きすると、しっかり味が染み込みます。熱湯をかけるほかに、濡れたキッチンペーパーに包んでレンチン2分でもできます。

・冷やすことでしっかり味が染みます。

カレーチーズ厚揚げ

冷蔵 **3日** お弁当

材料（2〜3人分）

厚揚げ… 2枚（300g）（油抜きをして
　　半分に切ってから 2 ㎝幅に切る）
ピーマン… 2個（80g）（ 2 〜 3 ㎝角に切る）
A 粉チーズ… 大さじ 1
　　顆粒コンソメスープの素
　　　…小さじ 1
　　カレー粉…小さじ½
　　（※合わせておく）
塩・こしょう…各適量

作り方

1 耐熱ボウルに厚揚げとピーマンを入れ、ふんわり
とラップをかけて（**a**）電子レンジで 5 分加熱する。

2 熱いうちに **A** を加え（**b**）、混ぜ合わせたら、塩・
こしょうで味をととのえる。

作りおき分まで
完食されちゃう

600W
5分

advice

・レンチン後、水分が出ていた
　ら水気を切ってください。
・厚揚げは絹だとつるんと食べ
　やすく、木綿だと食べごたえ
　のある仕上がりになるので、
　お好みで使い分けてください。

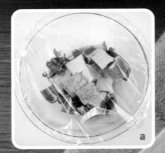

粉チーズ　大1
顆粒コンソメスープの素　小1
カレー粉　小½

野菜の大量消費にも！
材料1品の無敵常備菜

特価でまとめ買いした野菜もこれで使い切れるし、
冷蔵庫にストックしておけば残さず食べ切れます。

塩バターかぼちゃ

材料（3〜4人分） `冷蔵 3日`

かぼちゃ…⅕個（360g）　　バター…10g
塩…小さじ⅓

作り方

1 耐熱ボウルにかぼちゃを入れ、ふんわりとラップをかけて電子レンジで2分加熱し、3㎝角に切る。

2 再び耐熱ボウルに1を入れて、ふんわりとラップをかけて電子レンジで5分加熱する。そのまま2分置き、余熱で火を通す。

3 熱いうちに塩とバターを加えてよく混ぜる。

`600W 7分`

甘さが
引き立つ

advice

余熱で火を通したあと、ボウルの底に
水分がたまっていたら捨ててください。

ほっくりかぼちゃのごまあえ `冷蔵 3日`

材料（3〜4人分）

かぼちゃ…⅕個（360g）
A｜白すりごま
　　…大さじ2
　砂糖…大さじ2
　みそ…大さじ1と½
　めんつゆ（3倍濃縮）
　　…大さじ1
　（※合わせておく）

作り方

1 耐熱ボウルにかぼちゃを入れ、ふんわりとラップをかけて電子レンジで2分加熱し、3㎝角に切る。

2 再び耐熱ボウルに入れてふんわりとラップをかけて電子レンジで5分加熱する。そのまま2分置き、余熱で火を通す。

3 2が熱いうちにAを加え、よく混ぜる。お好みで白いりごまをふる。

advice

・みそは合わせみそなど、クセの少ないものがおすすめです。
・レンチン後の放置で余熱で火が入る＋水分が落ち着いてほっくり仕上がります。

`600W 7分`

誰が食べても
褒められる

おなじみの
アレを再現

神配合！

600W
1分30秒

やみつききゅうり

材料（作りやすい分量）

冷蔵
3日

きゅうり…3本（1cm厚さの斜め切り）
A｜ しょうゆ…大さじ3　　ごま油…小さじ1
　　酢…大さじ2　　　　　白いりごま…適量
　　みりん…大さじ2

作り方

1 ポリ袋にきゅうりを入れ、塩小さじ⅓（分量外）を加えて揉み、10分置いたら、袋の角を切り落として水気をしっかりと絞る。

2 耐熱容器にAを入れてふんわりとラップをかけたら電子レンジで1分30秒加熱する。

3 保存容器に1、2、ごま油、白ごまを入れて混ぜ合わせる。落としラップをして冷蔵庫で30分以上漬ける。

advice

漬けっぱなしにしても塩辛くならないので、ご安心ください。

600W
1分30秒

自家製きゅうりの
◯ューちゃん

冷蔵
5日

辛い物

材料（作りやすい分量）

きゅうり…2本（7～8mm
厚さの輪切り）
しょうが（せん切り）…少々

赤とうがらし（輪切り）
…少々
砂糖…大さじ1と½
酢…大さじ1と½
しょうゆ…大さじ1と½

作り方

1 ポリ袋にきゅうりを入れ、塩小さじ⅓（分量外）を加えて揉み、30分置いたら、袋の角を切り落として水気をしっかりと絞る。

2 耐熱ボウルに1と残りのすべての材料を入れてふんわりとラップをかけ、電子レンジで1分30秒加熱する。

3 粗熱を取りながらよく混ぜる。保存容器に移し、落としラップをして冷蔵庫で1日漬ける。

advice

レンチン後、粗熱は早めに取るようにするとポリポリ食感が残ります。

鬼リピもやし

冷蔵
3日

材料（作りやすい分量）

もやし…2袋
鶏ガラスープの素…小さじ1
塩…小さじ½

ごま油…大さじ1
白いりごま…適量

作り方

1 耐熱のポリ袋にもやしを入れてふんわりと口をとじたら電子レンジで3分加熱する。粗熱を取り、袋の角を切り落として水気を絞る。

2 ボウルに1、鶏ガラスープの素、塩を入れ混ぜ合わせる。

3 ごま油と白ごまを加えて混ぜる。

600W
3分

何度でも
食べたい

advice

鶏ガラスープの素と塩をなじませてからごま油を加えると、味がぼやけずおいしく仕上がります。

キャロットラペ

冷蔵 3日

材料（2〜3人分）
にんじん… 1本（200g）（せん切り）
酢…大さじ1
砂糖…小さじ2
オリーブオイル…大さじ1

作り方
ポリ袋にすべての材料を入れて袋の外から揉んでなじませる。空気を抜きながら袋の口をとじて、冷蔵庫で30分以上置く。お好みでレーズンをのせる。

レンジなしでおいしい

切ったらあとはほったらかし！

advice

クミンシードやきざんだくるみを加えても◎。

にんじんグラッセ

冷蔵 4日

材料（2〜3人分）
にんじん… 1本（200g）（拍子木切り）
砂糖…大さじ1
塩… 1つまみ
バター…10g

作り方

1　耐熱のポリ袋ににんじん、砂糖、塩を入れて袋の外からよく揉み、口をふんわりととじたら電子レンジで3分加熱する。

2　バターを加えて余熱で溶かす。

付け合わせがほしい時にもかんたん

600W 3分

advice

見た目にこだわりたい時は、にんじんを面取りしてください！

PART
4

································

もはやレンジすら
使わない！
神配合のあえるだけ・
漬けるだけおかず

火もレンジも要りません♪
冷蔵庫にストックしておけば安心

································

#トマト　#きゅうり　#なす　#キャベツ　#紫キャベツ
#レタス　#白菜　#切干大根　#大根　#かぶ　#長いも
#かぼちゃ　#ズッキーニ

うまみが効いてる！

トマトの
塩昆布あえ

 冷蔵 **3**日

材料（2〜3人分）

トマト… 1個(150g)（食べやすい大きさに切る）
サラダチキン…90g
塩昆布…適量

作り方

ボウルにすべての材料を入れてあえる。

advice

サラダチキンの代わりにさば水煮缶でもツナ缶でも！

しょうがが香る

トマトのさっぱり
しょうが酢あえ

材料（1〜2人分） 冷蔵 **3**日

トマト… 1個(150g)
　（食べやすい大きさに切る）
冷凍きざみオクラ…20g
ポン酢しょうゆ…大さじ1
しょうが(すりおろし)…小さじ½

作り方

ボウルにすべての材料を入れてあえる。

advice

冷凍オクラは、冷凍のままあえてしばらく置いて解凍しても、あらかじめ常温で解凍してからあえてもOKです。

トマトとクリームチーズの
サラダ 冷蔵 **3**日

材料（1〜2人分）
トマト… 1個(150g)（食べやすい大きさに切る）
クリームチーズ(個包装)… 2個(30g)
　（1cm角に切る）
オリーブオイル…大さじ1
レモン汁…小さじ1
ハーブソルト(または塩・こしょう)…少々

作り方
ボウルにすべての材料を入れてあえる。お好みで乾燥パセリをふる。

advice
クリームチーズは手でちぎってもOK！

間違いなしの組み合わせ

トマトの
白だし漬け 冷蔵 **3**日

材料（1〜2人分）
トマト… 1個(150g)（食べやすい大きさに切る）
大葉…適量
水…大さじ3
白だし…大さじ1

作り方
1 ボウルにトマトと水と白だしを入れてあえ、2時間漬ける。

2 ちぎった大葉をちらす。

advice
ミニトマトを使う場合は、半分に切るか湯むきしてください。

だしがジュワ〜ッと染み出る

ごま油香る

トマトわかめナムル

 冷蔵 **3**日

材料（1〜2人分）
トマト… 1個（150g）（食べやすい大きさに切る）
乾燥わかめ… 3g（水で戻し、水気を絞る）
ごま油…小さじ1
鶏ガラスープの素…小さじ½
にんにく（すりおろし）…小さじ½
塩・こしょう…各少々

作り方
ボウルにすべての材料を入れてあえる。お好みで白いりごまをかける。

advice
トマトが甘いので、塩・こしょうは少し多めにしています。

旦那を虜にした

こくうま濃厚トマト

 冷蔵 **3**日

材料（2〜3人分）
トマト… 2個（300g）（1cm厚さの輪切り）
A ┃ ポン酢しょうゆ…大さじ4
　┃ 砂糖…大さじ1と½
　┃ （※合わせておく）

作り方
保存容器にトマトとAを入れる。落としラップをして、冷蔵庫で2時間置く。

advice
・一晩以上漬けると、調味料がしっかり染みてよりおいしいです。
・トマトをきれいに輪切りにするコツは、よく研いだ包丁を使うことです！

きゅうりの塩昆布漬け

冷蔵 3日 | 包丁

材料（1〜2人分）

きゅうり… 1本
塩昆布…10g
A｜酢…小さじ½
　｜ごま油…小さじ½
　｜白すりごま…適量

作り方

1　ポリ袋にきゅうりを入れ、ふきんなどで包んだらめん棒や瓶などで叩き、手で食べやすい大きさに割る。

2　1に塩昆布、Aを加え袋の外から揉んでなじませる。

advice

ポリ袋は直接叩くと破れることがあるので、ふきんで包んでから叩いてくださいね。

丸ごと叩いて完成！

叩ききゅうりの昆布マヨ

冷蔵 3日 | 包丁

材料（1〜2人分）

きゅうり… 1本
塩昆布…10g
A｜マヨネーズ…大さじ1
　｜白すりごま…大さじ1

作り方

1　ポリ袋にきゅうりを入れ、ふきんなどで包んだらめん棒や瓶などで叩き、手で食べやすい大きさに割る。

2　1に塩昆布、Aを加え袋の外から揉んでなじませる。

advice

包丁で切るよりも味が絡みやすいので、作ってすぐ食べても味がなじんでいておいしいです。

塩昆布とマヨのおいしい出合い

きゅうりの酢の物

冷蔵 **3**日

やっと見つけた
黄金比

材料（2〜3人分）

きゅうり … 2本（2〜3mm厚さの小口切り）
乾燥わかめ … 5g（水で戻して水気を絞る）
かに風味かまぼこ … 5〜6本（ほぐす）
A｜酢…大さじ4
　｜砂糖…大さじ3
　｜塩…ひとつまみ
　｜（※合わせておく）

作り方

1 ポリ袋にきゅうりを入れ、塩小さじ1/3（分量外）をふって5分置いたら、袋の角を切り落として水気をしっかりと絞る。

2 ボウルにすべての材料を入れてあえる。

advice

・かに風味かまぼこの代わりにちくわやツナ缶を入れてもおいしいです。
・甘めがお好みなら砂糖を、酸味をやわらげたい場合はだし汁や水を少量入れて調節してください。

もずく酢きゅうり

冷蔵 **3**日

こればっか
食べちゃう

材料（2〜3人分）

きゅうり … 2本
A｜水…200mℓ
　｜塩…小さじ1
　｜（※合わせておく）
もずく酢(三杯酢タイプのもの) … 2パック

作り方

1 きゅうりは片面2/3の深さまで2〜3mm幅の斜めの切り込みを入れたら上下を返し、同じように切り込みを入れて、じゃばら切りにする。2cm長さに切り、Aに15分漬ける。

2 ボウルに水気を絞った1ともずく酢を入れてあえ、落としラップをするか保存容器に入れて冷蔵庫で2時間以上置く。

advice

・Aに漬けたあとのきゅうりは洗わなくてOKです。
・きゅうりに2/3の深さまで切り込みを入れるのが難しい場合は、割り箸2本できゅうりをはさんで切るとやりやすいです。

山形のだし

冷蔵 **3**日

白だしだけで味が決まる！

材料（作りやすい分量）

なす…1本（粗みじん切り）
きゅうり…1本（粗みじん切り）
オクラ…5本（板ずりしてヘタとガクを取り除き粗みじん切り）
みょうが…2本（粗みじん切り）
しょうが…20g（みじん切り）
大葉…5枚（粗みじん切り）
白だし…大さじ3

作り方

1 ポリ袋になすときゅうりを入れ、塩小さじ⅓（分量外）をふったら袋の外からよく揉み、10分置く。袋の角を切り落として水気をしっかりと絞る。

2 ボウルにすべての材料を入れて混ぜ合わせ、落としラップをして冷蔵庫で2時間以上寝かせる。

advice

フードプロセッサーを使うと、野菜の繊維がくずれてどろどろになってしまうので、根気がいりますが、包丁でみじん切りをしてくださいね！

即席漬け

冷蔵 **3**日

ちゃちゃっと完成

材料（2～3人分）

なす…1本（2～3mm厚さの半月切り）
きゅうり…1本（2～3mm厚さの斜め薄切り）
めんつゆ（3倍濃縮）…大さじ1
塩…小さじ½

作り方

ポリ袋にすべての材料を入れて袋の外から軽く揉む。空気を抜いて口をとじたら冷蔵庫で30分以上置く。お好みで白いりごまをかける。

advice

めんつゆを使うことでだしのうまみと甘みが加わるので、浅漬けの素がなくてもすぐに作れます。

無限キャベツ

冷蔵 **3**日

お好み焼き風

材料（2～3人分）

キャベツ…⅙個(200g)(せん切り)
かに風味かまぼこ…5～6本(ほぐす)
マヨネーズ…大さじ3
天かす…適量
紅しょうが…適量
青のり…適量

作り方

1 ポリ袋にキャベツと塩小さじ½(分量外)を入れてよくふりながら混ぜ、しばらく置く。キャベツがしんなりとしたら袋の角を切り落として水分を絞る。

2 ボウルに**1**とかに風味かまぼこ、マヨネーズを入れて混ぜ合わせる。

3 仕上げに天かす、紅しょうが、青のりをのせる。

advice

すぐに食べない場合や作りおきする場合は、天かすは食べる直前に入れるのがおすすめです。

キャベツの コールスロー

冷蔵 **3**日

ケ○タ超え!?

材料（2～3人分）

キャベツ…¼個(300g)(粗みじん切り)
ハム(薄切り)…4枚(1cm角に切る)
コーン缶…½缶
マヨネーズ…大さじ4
酢…小さじ2
砂糖…小さじ1

作り方

1 ポリ袋にキャベツと塩小さじ½(分量外)を入れてよくふりながら混ぜ、しばらく置く。キャベツがしんなりとしたら袋の角を切り落として水分を絞る。

2 ボウルにすべての材料を入れて混ぜ合わせる。

advice

・作ってすぐよりも、30分～1時間後の方が味がなじんでおいしくなります。
・作ってすぐ食べる場合は、キャベツの水分は軽く絞る程度にすると、パサつかずにおいしく食べられます。

紫キャベツの
マリネサラダ

冷蔵 3日　お弁当

材料（2～3人分）
紫キャベツ…¼個（240g）（せん切り）
ハム（薄切り）… 4枚（細切り）
コーン缶…大さじ 2
酢…大さじ 1
オリーブオイル…大さじ 1
砂糖…小さじ 2
塩・こしょう…各少々

作り方
ポリ袋にすべての材料を入れて混ぜ合わせる。

advice

彩りがきれいなので、付け合わ
せにも使いやすいです。

おしゃれな
副菜

#紫キャベツ

材料（作りやすい分量）
レタス… 1個
　　（食べやすい大きさにちぎり、水にさらす）
ごま油…大さじ 2
しらす干し…50g　　白いりごま…適量
焼きのり… 2枚　　　塩・こしょう…各適量

作り方

1 水を切ったレタスを丸めたクッキングペー
　　パー 2～3枚とともにポリ袋に入れ、
　　よくふる。同じことを 2～3回繰り返し、
　　水分を取り除く。

2 クッキングペーパーを取り出し、ごま油
　　を加え、レタスがしんなりするまで袋の
　　外から揉む。

3 ボウルに 2 としらす干し、ちぎった焼き
　　のり、白ごまを入れて混ぜ合わせる。
　　塩・こしょうで味をととのえる。

advice

レタスの水切りは、もちろんサラダスピナ
ーを使っても！　水分をしっかり切ること
で、味がぼやけるのを防ぎます。

無限レタス

冷蔵 3日　包丁

#レタス

食べきらないと
気がすまない…!?

やめられない、止まらない！

無限白菜 冷蔵3日

材料（2〜3人分）

白菜… 2〜3枚(250g)（5mm幅に切る）
ツナ缶… 1缶
ごま油… 小さじ2
鶏ガラスープの素… 小さじ1
白すりごま… お好みの量
塩・こしょう… 各適量

作り方

1 ポリ袋に白菜と塩小さじ½(分量外)を入れてよくふりながら混ぜ、しばらく置く。白菜がしんなりとしたら袋の角を切り落として水分を絞る。

2 ボウルに1と残りのすべての材料を入れて塩・こしょうで味をととのえながら混ぜ合わせる。

advice

白すりごまはたっぷり入れるのがおすすめです！

キャベツよりおいしい！?

白菜コールスロー 冷蔵3日

材料（2〜3人分）

白菜… 2〜3枚(250g)（せん切り）
かに風味かまぼこ… 8本(ほぐす)
A マヨネーズ… 大さじ4
砂糖… 小さじ1
レモン汁… 小さじ1
（※合わせておく）

作り方

1 ポリ袋に白菜と塩小さじ½(分量外)を入れてよくふりながら混ぜ、しばらく置く。白菜がしんなりとしたら袋の角を切り落として水分を絞る。

2 ボウルに1とかに風味かまぼこ、Aを入れて混ぜ合わせる。

advice

レモンを入れているので、マヨネーズ味でもさわやかに仕上がります。

切干大根のヤンニョムあえ

冷蔵 **5**日　包丁
辛い物

ご飯もお酒も
すすむ！

材料（2〜3人分）

切干大根…15g（水で戻し、水気を絞る）
さきいか（ソフトタイプ）…20g
A｜コチュジャン…大さじ3
　｜ごま油…大さじ1
　｜砂糖…小さじ2
　｜めんつゆ（3倍濃縮）…小さじ1
韓国のり…お好みの量

作り方

1 ポリ袋にAを入れ、袋の外から揉んで混ぜる。

2 1に切干大根とさきいかを加え、なじませたら冷蔵庫で30分置く。仕上げにちぎった韓国のりをかける。

advice

噛みごたえ抜群なので、ダイエット中の口さみしい時にもピッタリです。

切干大根のツナマヨ塩昆布サラダ

冷蔵 **3**日　お弁当

材料（2〜3人分）

切干大根…20g（水で戻し、水気を絞る）
ツナ缶…1缶
塩昆布…5g
マヨネーズ…大さじ2
しょうゆ…小さじ½
大葉…適量（せん切り）

作り方

ポリ袋にすべての材料を入れ、袋の外から揉んで混ぜる。

advice

・定番の大根サラダも、切干大根で作ると一味違う仕上がりに！
・水分が出ないのでおにぎりの具にもよく合います。

ポリ袋1つで
完成！

エスニック
切干大根

切干大根の
タイ風サラダ

冷蔵
3日

辛い

材料（2〜3人分）

切干大根…20g（水で戻し、水気を絞る）
ミニトマト…5個（半分に切る）
パクチー…1束（食べやすい大きさに切る）
にんにく…1かけ（みじん切り）
ピーナッツ…25g（粗みじん切り）
干しえび…大さじ2
ナンプラー…大さじ1
レモン汁…大さじ1
砂糖…小さじ1
赤とうがらし（輪切り）…適量

作り方

ポリ袋にすべての材料を入れて混ぜ合わせる。

advice

タイのサラダ・ソムタムは青パパイヤ
を使用しますが、手に入りにくいので
切干大根で作ってみました！

オイマヨ大根

冷蔵
3日

ツナ缶をたっぷり
贅沢に！

材料（2〜3人分）

大根…⅓本（300g）（せん切り）
ツナ缶…2缶
A｜マヨネーズ…大さじ3
　｜オイスターソース…大さじ1
　｜白すりごま…大さじ1

作り方

1 ポリ袋に大根と塩小さじ½（分量外）を入れて10分置いたら、袋の角を切り落として水分を絞る。

2 ボウルに軽く油を切ったツナ缶、**A**を入れて混ぜ合わせる。

3 **2**に**1**を加えて全体をあえる。お好みで糸とうがらしをのせる。

advice

オイスターソースを加えること
でいつもの大根サラダも一味違
った味わいに。

かぶの浅漬け

冷蔵 3日　辛い物

我が家のかぶの
漬物はコレ!

#かぶ

材料（2〜3人分）

かぶ… 2個（縦半分に切ってから5mm厚さに
　　切る。葉があれば5mm幅に切る）
砂糖…小さじ1
酢…小さじ1
かつおだしの素…小さじ1
塩…小さじ⅓
赤とうがらし（輪切り）…少々

作り方

ポリ袋にすべての材料を入れて袋の外から揉
む。空気を抜いて袋の口をとじたら、冷蔵庫
で30分以上漬ける。

advice

一晩以上置くとより味が染み込んでお
いしいです。

長いも明太子

包丁　辛い物

ご飯にかけて
食べたい

#長いも

材料（2〜3人分）

長いも …½本（300g）
明太子…約1本（50g）（薄皮を取り除く）
白だし…小さじ2

作り方

1 厚手の保存袋に長いもを入れて、ふきん
などで包み、めん棒や瓶などで叩いてつ
ぶす。

2 1に明太子と白だしを加えてよく混ぜる。
お好みで小口切りにした青ねぎをのせる。

advice

長いもはお好みの加減でつぶし
てください。ゴロゴロでも、と
ろとろでもおいしいです。

かぼちゃのにんにくしょうゆ漬け

冷蔵 **3日**

かぼちゃ、生OKって知ってた？

材料（2〜3人分）

かぼちゃ…⅛個(180g)
　（皮をむいて2〜3mm幅に切る）
めんつゆ（3倍濃縮）…大さじ2
にんにく（すりおろし）…小さじ½

作り方

ポリ袋にすべての材料を入れて空気を抜き、口をとじたら30分以上漬ける。お好みで白いりごまをかける。

advice

・歯ごたえがあるので、大人向け、かつ甘くないかぼちゃレシピです。
・かぼちゃはなるべく新鮮なものを使用してください。

オイマヨズッキーニ

冷蔵 **3日**

人気急騰！

材料（2〜3人分）

ズッキーニ…1本(200g)
　（2〜3mm厚さの輪切り）
ツナ缶…1缶
A｜マヨネーズ…大さじ2
　｜オイスターソース…大さじ1
　｜白すりごま…適量

作り方

1 ポリ袋にズッキーニと塩小さじ⅓(分量外)を入れて揉み込み5分置いたら、袋の角を切り落として水分を絞る。

2 ボウルに1、ツナ缶、Aを入れて混ぜ合わせる。

advice

ズッキーニの水分はしっかり絞ってくださいね！

これでもう飽きない!
ずらっとアレンジ冷奴

シンプルだけど意外

塩わさび

具材 チューブわさび×岩塩

作り方
木綿豆腐を器に盛り、チューブわさびと岩塩をお好みの量のせる。

advice
ちょっと高級な木綿豆腐で作るのがおすすめです。

焼き肉屋さん風

ねぎ塩

具材 長ねぎ×おろしにんにく

作り方
絹豆腐を器に盛り、みじん切りにした長ねぎとおろしにんにくをお好みの量のせる。塩・こしょう、レモン汁、ごま油をかけ、仕上げに韓国のりをのせる。

advice
レモン汁がさっぱりとしたアクセントに。

しらす大葉

どんな料理にも合う

具材 しらす干し×大葉

作り方
絹豆腐を器に盛り、しらす干しとちぎった大葉をお好みの量のせる。仕上げに白いりごまとしょうゆをかける。

advice
しょうゆの代わりにめんつゆやポン酢しょうゆでも!

おすすめナンバーワン!

塩昆布オリーブオイル

具材 塩昆布×オリーブオイル

作り方
絹豆腐を器に盛り、塩昆布適量をのせ、オリーブオイルをかける。

advice
豆腐以外にアボカドやきゅうりにも合います。

火を使わず副菜に便利な冷奴。でも、トッピングがいつも同じかも…？
脱マンネリなアレンジ8選です！

さっぱり好きさんは
コレ

天○一品風

オクラポン酢

具材　きざみオクラ × ゆかり

作り方

絹豆腐を器に盛り、冷凍のきざみオクラを解凍したものと
ゆかりをお好みの量のせる。ポン酢しょうゆを回しかける。

advice

食欲がない時でも食べやすいです。

壺ニラ

具材　ニラ × 豆板醤

作り方

絹豆腐を器に盛る。ニラ１本をきざんだものと、豆板醤、
鶏ガラスープの素、おろしにんにく、しょうゆ、ごま油を
同量混ぜ合わせたものをお好みの量かける。

advice

豆板醤はお好みで調節して入れてください。

まろやかな
辛さ

ボリューム
満点

キムチマヨ

具材　白菜キムチ × マヨネーズ

作り方

絹豆腐を器に盛り、キムチとマヨネーズをお好みの量のせ
る。

advice

おつまみにもぴったり！

たぬき風

具材　天かす × かに風味かまぼこ

作り方

絹豆腐を器に盛り、天かすときざんだかに風味かまぼこ、
小口切りにした青ねぎ、おろししょうがをお好みの量のせ
る。仕上げにめんつゆをかける。

advice

冬は温めてもおいしいです。

PART
5

家族がかき込む！
ちょっ早
レンジごはん

一皿・一碗完結で本当に洗い物が少ない！
ズボラ飯だけど味は満点☆

#エスニック飯　#カレー　#丼　#リゾット
#おかゆ　#冷や汁　#おにぎらず　#おいなりさん

みんなが
食いつく

カラフルタコライス

冷蔵 3日

600W
5分

材料（2〜3人分）

豚ひき肉…200g
玉ねぎ…¼個（50g）（みじん切り）
パプリカ（赤、黄）
　…各¼個（各40g）（1cm角に切る）
A ┌ トマトケチャップ…大さじ3
　　│ 中濃ソース…大さじ2
　　│ しょうゆ…小さじ2
　　│ はちみつ…小さじ1
　　└ カレー粉…小さじ1
塩・こしょう…各少々
温かいご飯…適量

advice

・辛さはほとんどないので、スパイシーにしたい場合はチリパウダーを足すか、食べる時にタバスコをかけてください。
・パンに挟んで食べてもおいしいです。

作り方

1 耐熱ボウルにひき肉、玉ねぎ、パプリカ、**A** を入れてよく混ぜる。

2 ラップをふんわりとかけて（**a**）、電子レンジで3分加熱する。上下を返すように混ぜて再びラップをして電子レンジで2分加熱する。

3 塩・こしょうで味をととのえてよく混ぜ合わせる。お好みでレタスやピザ用チーズとともにご飯にのせる。

トマトケチャップ
大3

中濃ソース 大2

しょうゆ 小2

はちみつ 小1

カレー粉 小1

a

ガパオライス

お弁当　辛い物

冷蔵 **3日**

人気の
アジアご飯

600W
5分

材料（2〜3人分）

- 玉ねぎ…½個（100g）（みじん切り）
- 鶏ひき肉…200g
- ピーマン…1個（40g）
  （1cm角に切る）
- 赤パプリカ…¼個（40g）
  （1cm角に切る）
- A｜ナンプラー…小さじ2
  ｜オイスターソース
  ｜　…小さじ1
  ｜しょうゆ…小さじ1
- 鶏ガラスープの素
  　…小さじ½
- 砂糖…小さじ½
- にんにく（すりおろし）
  　…小さじ½
- しょうが（すりおろし）
  　…小さじ½
- 豆板醤…小さじ½
- 塩・こしょう…各適量
- 温かいご飯…適量
- 目玉焼き…一皿に1個

作り方

1 耐熱ボウルに玉ねぎと塩1つまみ（分量外）を入れ、ふんわりとラップをかけて電子レンジで2分加熱する。

2 1にひき肉、ピーマン、パプリカ、Aを加え、ふんわりとラップをかけて（**a**）電子レンジで3分加熱する。塩・こしょうで味をととのえ、ご飯に目玉焼きとともにのせる。

ナンプラー 小2		砂糖 小½
オイスターソース 小1		にんにく（すりおろし）小½
しょうゆ 小1		しょうが（すりおろし）小½
鶏ガラスープの素 小½		豆板醤 小½

a

advice

辛いものが苦手な場合は豆板醤なしで作ってもおいしいです。

キーマカレー

冷蔵 **3日**　辛い物

野菜をたくさん
摂れる

600W
11分

材料（2〜3人分）

- 玉ねぎ…¼個（50g）（みじん切り）
- にんじん…⅓本（70g）（みじん切り）
- えのきだけ…½パック（50g）（みじん切り）
- 豚ひき肉…150g
- トマト…大1個（200g）（粗みじん切り）
- A｜カレールウ…2かけ
  ｜フライドオニオン…大さじ2
- ウスターソース…大さじ1
- トマトケチャップ…大さじ1
- はちみつ…大さじ1
- みそ…小さじ½
- にんにく（すりおろし）…小さじ½
- しょうが（すりおろし）…小さじ½
- 温かいご飯…適量

作り方

1 耐熱ボウルに玉ねぎ、にんじん、えのきを入れ塩少々（分量外）をふり、ふんわりとラップをかけて電子レンジで4分加熱する。

2 1にひき肉、トマトを加え再びラップをかけたら電子レンジで6分加熱する。

3 Aを加え、ふんわりとラップをかけて（**a**）電子レンジで1分加熱し、よく混ぜ、ご飯にかける。お好みできざんだパセリをふる。

カレールウ 2かけ		はちみつ 大1
フライドオニオン 大2		みそ 小さじ½
ウスターソース 大1		にんにく（すりおろし）小½
トマトケチャップ 大1		しょうが（すりおろし）小½

a

advice

えのきだけを加えることでかさまし＆ヘルシーな一品です。

中華丼

材料（2〜3人分）

白菜… 2〜3枚(250g)（一口大のそぎ切り）
にんじん… 1/4本(50g)（短冊切り）
きくらげ… 2g(水で戻し、
　　食べやすい大きさに切る)
豚こま肉…100g
A | 酒…大さじ1
　　　しょうゆ…小さじ1
　　　しょうが(すりおろし)…小さじ1/3
片栗粉…小さじ1
B | 水…大さじ3
　　　片栗粉…大さじ1
　　　しょうゆ…大さじ1
　　　鶏ガラスープの素…小さじ1
　　　オイスターソース…小さじ1
　　　砂糖…小さじ1/2
ごま油…小さじ1
温かいご飯…適量

advice

ご飯にのせるだけでなく、あん
かけ焼きそばの具材にしても◎。

作り方

1 耐熱ボウルに豚肉と **A** を入れ揉み込んだら片栗粉を
加えて揉み、5分置く。

2 **1**に白菜、にんじん、きくらげ、**B** を加えて混ぜ合わせ、
ふんわりとラップをかけて（**a**）電子レンジで5分加熱
する。

3 よく混ぜて再びラップをかけて電子レンジで4分加熱
する。仕上げにごま油を回しかけ、ご飯にのせる。

水 大3　　　　　　　　鶏ガラスープの素 小1
片栗粉 大1　　　　　　オイスターソース 小1
しょうゆ 大1　　　　　砂糖 小1/2

a

ごま油の香りが
食欲をそそる

600W
9分

牛丼

冷蔵 **3**日　お弁当

材料（2〜3人分）

牛バラ肉（薄切り）…250g
　（食べやすい大きさに切る）
玉ねぎ…½個（100g）（薄切り）

A	しょうゆ…大さじ3
	砂糖…大さじ2
	酒…大さじ2
	みりん…大さじ2
	かつおだしの素…小さじ1

温かいご飯…適量

作り方

1 耐熱ボウルに玉ねぎとAを入れ、ふんわりとラップをかけて（a）電子レンジで3分加熱する。

2 1に牛肉を加えて混ぜ合わせ、再びラップをかけて電子レンジで4分加熱する。よく混ぜ合わせ、温かいご飯にのせる。お好みで紅しょうがをのせる。

600W 7分

家で作るのが一番早い

しょうゆ 大3
砂糖 大2
酒 大2
みりん 大2
かつおだしの素 小1
a

advice

いったん冷ますと味が染みます。

スタミナとろろ丼

材料（2〜3人分）

玉ねぎ…¼個（50g）（薄切り）
豚こま肉…200g
長いも…¼本（150g）

A	酒…大さじ1
	しょうゆ…小さじ1

片栗粉…小さじ1
白だし…小さじ1

B	しょうゆ…大さじ2
	砂糖…大さじ1
	酢…大さじ1
	みりん…大さじ1
	にんにく（すりおろし）…小さじ⅓
	しょうが（すりおろし）…小さじ⅓

温かいご飯…適量

作り方

1 耐熱ボウルに豚肉とAを入れて揉み込んだら片栗粉を加えて揉み、5分置く。長いもは、厚手の保存袋に入れてふきんなどで包み、めん棒などで叩いてつぶし、白だしを加えて混ぜる。

2 1のボウルに玉ねぎとBを加えて混ぜ合わせ、ふんわりとラップをかけて（a）電子レンジで3分加熱する。よく混ぜたら再びラップをかけて電子レンジで2分加熱する。

3 器に温かいご飯を入れ、1の長いもと2をのせる。お好みで大葉と温泉卵をのせる。

長いも入りでするするっと完食

600W 5分

しょうゆ 大2
砂糖 大1
酢 大1
みりん 大1
にんにく（すりおろし）小⅓
しょうが（すりおろし）小⅓
a

advice

酢が味をさっぱりまとめ、お肉を柔らかくします。

**600W
7分**

肉みそもナムルも
すぐに完成

ビビンバ

冷蔵
3日　お弁当　辛い物

材料（2人分）

〈肉みそ〉
　合いびき肉…200g
　コチュジャン…大さじ1
　砂糖…大さじ1
　しょうゆ…大さじ1
　みりん…大さじ1
　にんにく（すりおろし）…小さじ⅓
　しょうが（すりおろし）…小さじ⅓

〈ナムル〉
　もやし…½袋（100g）
　にんじん…⅙本（30g）（細切り）
　小松菜…1株（4cm長さに切る）
A　ごま油…小さじ1
　　鶏ガラスープの素…小さじ½
　　塩…1つまみ

温かいご飯…適量

advice

仕上げに卵をのせると豪華になります。

作り方

1 耐熱ボウルに肉みその材料をすべて入れて混ぜ合わせる。ふんわりとラップをかけて（**a**）電子レンジで2分加熱する。全体を混ぜ、再びラップをかけて電子レンジで2分加熱する。

2 耐熱のポリ袋にナムルの材料を入れ、ふんわりと口をとじたら（**b**）電子レンジで3分加熱する。粗熱を取り、袋の角を切り落とし水気を絞る。ボウルに入れて**A**を加えてあえる。

3 温かいご飯の上に**1**と**2**、お好みで温泉卵と白菜キムチをのせ、白いりごまをふる。

コチュジャン
大1

にんにく（すりおろし）
小⅓

砂糖 大1

しょうゆ 大1

しょうが（すりおろし）
小⅓

みりん 大1

a

b

切って
漬けるだけ！

600W
30秒

ポキ丼

材料（2〜3人分）
サーモン（刺身用）…250g（2〜3cm角
　　に切る）
アボカド… 1個（2〜3cm角に切る）
みりん…大さじ2
A | しょうゆ…大さじ3
　　砂糖…小さじ1
　　ごま油…小さじ1
　　にんにく（すりおろし）…小さじ1/3
温かいご飯…適量

作り方

1 耐熱容器にみりんを入れてラップをかけず電子レンジ
で30秒加熱し、煮切る。**A**を加え、混ぜ合わせたら
粗熱を取る。

2 ポリ袋にサーモンと**1**を入れて（**a**）冷蔵庫で30分以上
置く。

3 アボカドを加えて袋の外からざっくりと混ぜ、温かい
ご飯にのせる。お好みでカイワレ菜をのせる。

みりん 大2　　　　ごま油 小1

しょうゆ 大3　　　にんにく（すりおろし）
　　　　　　　　　小1/3

砂糖 小1

a

advice
サーモンの代わりにマグロやブリでも
おいしいです。

お手軽カルボリゾット

600W 2-3分

材料（1人分）

ご飯…お茶碗1杯分
ベーコン（薄切り）…2枚
　（1cm幅に切る）
マッシュルーム缶…15g

牛乳…150mℓ
卵…1個（卵黄と卵白に分ける）
ピザ用チーズ…ひとつかみ
顆粒コンソメスープの素…小さじ1
塩…適量

作り方

1. 耐熱ボウルにご飯、ベーコン、水気を切ったマッシュルーム、牛乳を入れ、ふんわりとラップをかけて（a）電子レンジで2〜3分グツグツする直前くらいまで加熱する。

2. 卵白、ピザ用チーズ、コンソメを加えてもったりするまでよく混ぜる。チーズが溶けないようであれば、追加で30秒ずつ様子を見ながら加熱する。

3. 塩で味をととのえたら器に盛り、中央をくぼませて卵黄をのせる。お好みで黒こしょうをふる。

> お1人様ランチにもぴったり

advice

1の工程で、ピザ用チーズが溶けるくらいアツアツになるまで加熱するのがポイントです。

丸ごとトマトリゾット

材料（1人分）

ご飯…お茶碗1杯分
トマト…1個（ヘタを取り、お尻の方に十字に切り込みを入れる）
顆粒コンソメスープの素…小さじ1

ピザ用チーズ…適量
塩・こしょう…各少々
オリーブオイル…適量
黒こしょう…適量

作り方

1. 深めの耐熱皿にご飯を入れ、上にトマトをのせる。コンソメをふりかけ、ふんわりとラップをかけて（a）電子レンジで3分加熱する。

2. トマトを崩しながらかき混ぜ、チーズをのせて電子レンジで30秒加熱する。塩・こしょうで味をととのえ、オリーブオイルと黒こしょうをふりかける。

> リコピンをまるっといただき

600W 3分30秒

顆粒コンソメスープの素 小1

advice

チーズとよく混ぜながら食べてください。

とろろと半熟卵の おかゆ風

材料（1人分）

冷ご飯…お茶碗1杯分
長いも…約1/5本（100g）
　　（すりおろす）

卵…1個
昆布だしの素…小さじ1/2
塩…ひとつまみ
塩昆布…適量

作り方

1 耐熱の茶碗にご飯とひたひたになるくらいの水（分量外）、昆布だしの素、塩を入れてさっと混ぜる。

2 1に長いもをのせ、上に卵を割り入れたら、卵に楊枝などで2〜3箇所穴をあける（a）。ラップをかけずに電子レンジで3分加熱する。

3 一旦取り出し、ふんわりとラップをかけて電子レンジで30秒加熱する。塩昆布をのせ、お好みでしょうゆをたらす。

600W 3分30秒

とろろと半熟卵の優しい食感

昆布だしの素 小1/2　　塩 ひとつまみ

advice

2回めのレンチンで、お好みの加減まで卵を加熱してください。

さばの冷や汁 包丁

よ〜く混ぜてどうぞ

材料（1人分）

冷ご飯…お茶碗1杯分
さばの水煮缶…1缶
冷凍のきざみオクラ
　　…お好みの量
削り節…適量

白だし…小さじ1
みそ…小さじ1
白すりごま…適量
しょうが（すりおろし）…適量
冷たい麦茶…50㎖

作り方

1 茶碗にご飯、さばの水煮と缶汁、オクラ、削り節、白だし、みそ、白ごま、しょうがを入れる（a）。

2 麦茶を注ぎ入れ、食べる直前によく混ぜる。

レンジなしでおいしい

advice

サバ缶を缶汁ごと使って、ヘルシーで栄養たっぷり！　パパッと作れてササッと食べられるので時間がない時にぴったりのメニューです。

削り節 適量　　白すりごま 適量
白だし 小1　　しょうが（すりおろし）
みそ 小1　　　適量

肉巻きおにぎらず

お弁当

材料（6個分）

豚ロース肉（しゃぶしゃぶ用）
　…12枚（200g）
パックご飯…1パック（200g）
　（6等分に切る）
塩・こしょう…各適量
片栗粉…適量
A｜焼き肉のたれ…大さじ1
　｜みりん…大さじ1
　｜しょうゆ…小さじ1
　（※合わせておく）
白いりごま…適量

作り方

1 豚肉の上に加熱前のパックご飯をのせ、巻く。90度回転させ、ご飯が外から見えないようにもう1枚豚肉を巻く。他のご飯も同じように巻き、塩・こしょう、片栗粉をまぶす。

2 耐熱皿に**1**を並べ入れ、**A**をかける。ふんわりとラップをかけて（**a**）電子レンジで3分加熱する。裏返して再びラップをかけて電子レンジで2分加熱する。

3 **A**を全体に絡めて、白ごまをふる。お好みで大葉を添える。

旦那が
3日連続で
食べた

600W
5分

advice

・パックご飯は、ぎゅっと力を入れると崩れるので、にぎらずに肉を巻くだけでOKです。
・おにぎらず同士がくっついていると火が通りにくくなるので、少し間を空けるようにしてください。
・豚肉はしゃぶしゃぶ用の薄いものが火が通りやすくておすすめです。

焼き肉のたれ　大1
みりん　大1
しょうゆ　小1

a

豚小松菜混ぜご飯 お弁当

材料（2〜3人分）

豚バラ肉（薄切り）
　…80g（1cm幅に切る）
A｜酒…大さじ1
　｜塩…少々
片栗粉…小さじ1

小松菜…½袋（120g）
　（1cm長さに切る）
しょうゆ…大さじ1
しょうが（すりおろし）…小さじ½
温かいご飯…1合分（300g）

作り方

1 耐熱ボウルに豚肉とAを入れて揉み込む。片栗粉を加えて揉み、5分置く。

2 1に小松菜、しょうゆ、しょうがを入れて混ぜ合わせ、ふんわりとラップをかけて（a）電子レンジで2分加熱する。全体を混ぜ、再びラップをかけて電子レンジで2分加熱する。

3 温かいご飯を入れて混ぜ合わせ、お好みで白いりごまをふる。

600W 4分

野菜嫌いの子でもパクパク！

advice

冷ご飯を使う場合は、温めてから混ぜてください。

しょうゆ 大1　　しょうが（すりおろし）小½

a

いなり寿司 お弁当

材料（6個分）

〈酢飯〉
温かいご飯…200g
砂糖…大さじ1
酢…大さじ1
塩…小さじ¼
白いりごま…少々

〈いなり揚げ〉
油揚げ…3枚（熱湯をかけて
　油抜きをしてから半分に切る）
水…大さじ4
砂糖…大さじ2
しょうゆ…大さじ1
みりん…小さじ1

作り方

1 ボウルに酢飯の材料をすべて入れて混ぜ合わせる。

2 耐熱のポリ袋にいなり揚げの材料をすべて入れてよく揉み込み、袋の口をふんわりととじて（a）電子レンジで5分加熱する。

3 2が冷めたら中を開いて1を詰め、口をとじる。

おいなりさんのハードル下げておきました

600W 5分

advice

油揚げは、中が開きやすいふんわりとしたタイプのものを使うのがおすすめです。

水 大4
砂糖 大2

しょうゆ 大1
みりん 小1

a

のっけてうまうま！
ご飯のおとも

白いご飯がばくばく進むものばかり！
包丁なしで作れるものも。
作る前に炊飯器いっぱいに
お米を炊いておくことをおすすめします。

やみつき確定

advice

豚ひき肉×えのきだけ×しょうゆ×バターが間違いないおいしさで作りおきにもぴったりです。

**おかわりが
止まらない**

advice

鶏ひき肉はむねよりも、ももの方がしっとり仕上がります。

**ジャンキー感が
やみつきに**

advice

ピザ用チーズを一緒にのせると、よりあと引くおいしさです。

かさましそぼろ

材料（作りやすい分量）

豚ひき肉…200g
えのきだけ…1パック(100g)
　（粗みじん切り）
A しょうゆ…大さじ2
　　みりん…大さじ2
　　片栗粉…小さじ1
バター…10g

作り方

1 耐熱ボウルにひき肉、えのきだけ、**A**を入れて混ぜ合わせる。

2 ふんわりとラップをかけて電子レンジで3分加熱したら全体をよく混ぜる。再びラップをかけて電子レンジで2分加熱する。

3 バターを加えて溶かしながら混ぜ、お好みで小口切りにした青ねぎをかける。

禁断の
ひじきそぼろ

材料（作りやすい分量）

鶏ひき肉…200g
冷凍枝豆…30g
乾燥ひじき
　…15g(水で戻し、水気を切る)
しょうゆ…大さじ2
砂糖…大さじ1
みりん…大さじ1
しょうが(すりおろし)…小さじ½

作り方

1 耐熱ボウルにすべての材料を入れて混ぜ合わせる。

2 ふんわりとラップをかけて電子レンジで3分加熱する。上下を返すように混ぜて再びラップをかけて電子レンジで2分加熱し、全体を混ぜ合わせる。

韓国風甘辛
チキンそぼろ

材料（作りやすい分量）

鶏ひき肉…200g
フライドオニオン…大さじ2
トマトケチャップ…大さじ2
コチュジャン…大さじ2
砂糖…大さじ1
みりん…大さじ1
ごま油…大さじ1

作り方

1 耐熱ボウルにすべての材料を入れて混ぜ合わせる。

2 ふんわりとラップをかけて電子レンジで2分加熱する。上下を返すように混ぜて再びラップをかけて電子レンジで2分加熱し、全体を混ぜ合わせる。お好みでピザ用チーズをのせる。

漬けて
おくだけ

advice

卵黄を割らないことが
唯一のコツです！

鹿児島料理の
定番をアレンジ！

advice

肉々しさが残ってひき肉よりも食べご
たえがあります。

漬け卵黄

材料（1個分）

卵黄…1個分
めんつゆ…適量
ラー油…少々

作り方

1 器に卵黄を入れてめんつゆをひたひ
たくらいまで加え、冷蔵庫でひと晩
置く。

2 仕上げにラー油をかける。お好みで
大葉をしく。

豚みそ

材料（作りやすい分量）

豚バラ肉…200g(粗みじん切り)
砂糖…大さじ2
みそ…大さじ2
酒…大さじ1
かつおだしの素…小さじ1
片栗粉…小さじ1
しょうが(すりおろし)…小さじ½

作り方

1 耐熱ボウルにすべての材料を入れて
混ぜ合わせる。

2 ふんわりとラップをかけて電子レン
ジで2分加熱する。上下を返すよう
に混ぜて再びラップをかけて電子レ
ンジで2分加熱し、全体を混ぜ合わ
せる。お好みで小口切りにした青ね
ぎをかける。

PART

6

麺作りの概念を
くつがえす！
一発麺もの

麺をゆでるのにもう鍋は不要！
味がよく絡み、予想を超えるおいしさです

#パスタ　#うどん

ツナトマトパスタ

包丁

材料（1人分）

A カットトマト缶…½缶
ツナ缶… 1缶
顆粒コンソメスープの素
　　…小さじ½
塩…小さじ½
砂糖…小さじ½
スパゲッティ（7分ゆで）
　…100g（半分に折る）
熱湯…150mℓ
オリーブオイル…大さじ1

advice

スパゲッティは、パッケージの
ゆで時間に合わせて電子レンジ
で加熱してください。

作り方

1 耐熱ボウルに **A** を入れ、ふんわりとラップをかけて
（**a**）電子レンジで3分加熱する。

2 **1**にスパゲッティ、熱湯、オリーブオイルを加え、混
ぜ合わせたら（**b**）ラップはかけずに電子レンジで7分
加熱する。よく混ぜてそのまま3分置き、余熱で火を
通す。お好みで粉チーズときざんだパセリをかける。

顆粒コンソメ
スープの素 小½

塩 小½

砂糖 小½

a

b

缶詰だけで
できる

600W
10分

なすとひき肉の
ボロネーゼパスタ

包丁

冷凍なすで
包丁いらず

600W
12分

材料（1人分）

A　豚ひき肉…50g
　　冷凍揚げなす…50g
　　カットトマト缶…½缶
　　顆粒コンソメスープの素
　　　…小さじ½
　　塩…小さじ½
　　にんにく（すりおろし）…小さじ⅓
スパゲッティ（7分ゆで）
　　…100g（半分に折る）
フライドオニオン…大さじ1
熱湯…150mℓ
オリーブオイル…大さじ1

advice

熱湯を使うことで麺がツルッとした食
感に仕上がります。

作り方

1 耐熱ボウルに **A** を入れ、混ぜ合わせる。ふんわりと
ラップをかけて（**a**）電子レンジで5分加熱する。

2 1にスパゲッティ、フライドオニオン、熱湯、オリー
ブオイルを加え、混ぜ合わせたら（**b**）ラップはかけず
に電子レンジで7分加熱する。よく混ぜてそのまま3
分置き、余熱で火を通す。お好みで粉チーズをかける。

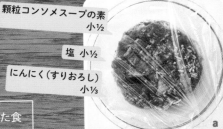
顆粒コンソメスープの素
小½

塩 小½

にんにく（すりおろし）
小⅓

a

b

釜揚げしらすパスタ

材料（1人分）

スパゲッティ（7分ゆで）
　…100g（半分に折る）
熱湯…250㎖
オリーブオイル…大さじ1

にんにく（すりおろし）
　…小さじ½
塩…小さじ½
釜揚げしらす…30g
大葉…適量

作り方

1　耐熱ボウルにスパゲッティ、熱湯、オリーブオイル、にんにく、塩を入れ（a）、ラップをかけずに電子レンジで7分加熱する。軽くほぐしたらそのまま3分置き、余熱で火を通す。

2　器に盛り、しらすとちぎった大葉をのせる。

熱湯 250㎖
オリーブオイル 大1
にんにく（すりおろし）小½
塩 小½

a

600W
7分

究極の
かんたんパスタ

advice

オリーブオイルを入れて加熱するので、レンチンでもパスタがくっつきにくくなります。

和風ツナパスタ

材料（1人分）

スパゲッティ（7分ゆで）
　…100g（半分に折る）
熱湯…250㎖

オリーブオイル…大さじ1
ツナ缶…1缶
塩昆布…10g

作り方

1　耐熱ボウルにスパゲッティ、熱湯、オリーブオイルを入れ、ラップをかけずに電子レンジで7分加熱する。軽くほぐしたらそのまま3分置き、余熱で火を通す。

2　1にツナ缶と塩昆布を加えて（a）混ぜ合わせる。お好みで小口切りにした青ねぎをかける。

a

advice

お好みでバターを加えると、グッとコクが増します。

味付け
ラクチン♪

600W
7分

きのこの豆乳クリームパスタ

材料（1人分）

スパゲッティ（7分ゆで）
　…100g（半分に折る）
しめじ…½パック（50g）
　（石づきを落としてほぐす）
ハーフベーコン
　…1枚（1cm幅に切る）
熱湯…200㎖
バター…10g
にんにく（すりおろし）
　…小さじ⅓
塩…小さじ⅓
豆乳（無調整）…100㎖
みそ…小さじ½
ピザ用チーズ…適量
塩・こしょう…各適量

作り方

1 耐熱ボウルにスパゲッティ、しめじ、ベーコン、熱湯、バター、にんにく、塩を入れて（**a**）、ラップをかけずに電子レンジで5分加熱する。

2 豆乳とみそを加えてよく混ぜ（**b**）、再び電子レンジで4分加熱する。

3 チーズを加えて混ぜ、塩・こしょうで味をととのえる。お好みできざんだパセリをかける。

熱湯 200㎖
バター 10g
にんにく（すりおろし） 小⅓
塩 小⅓

a

豆乳 100㎖
みそ 小½

b

600W
9分

advice

スパゲッティの1回目のレンチン時間は、パッケージのゆで時間マイナス2分を目安に加熱してください。

豆乳＋みそで
優しい味わい

トマトのペンネ

材料（1人分）

ハーフベーコン… 2枚（1cm幅に切る）
カットトマト缶…½缶

A フライドオニオン… 大さじ1
トマトケチャップ… 大さじ½
顆粒コンソメスープの素…小さじ½
にんにく（すりおろし）…小さじ½
塩…小さじ⅓

早ゆでのペンネ（3分ゆで）…50g
熱湯…100㎖
オリーブオイル…大さじ1

作り方

1 耐熱ボウルにベーコン、トマト缶、**A**を入れたらふんわりとラップをかけて（**a**）電子レンジで3分加熱する。

2 **1**にペンネ、熱湯、オリーブオイルを加えて混ぜ（**b**）、ラップはかけずに電子レンジで3分加熱する。よく混ぜて、そのまま3分置き、余熱で火を通す。お好みできざんだパセリをかける。

600W
6分

早ゆでペンネで
ササッと完成

advice

普通のペンネは芯が残りやすいのでおすすめしません。

フライドオニオン 大1
トマトケチャップ 大½
顆粒コンソメスープの素 小½
にんにく（すりおろし）小½
塩 小⅓

a

熱湯 100㎖
オリーブオイル 大1

b

食べている
そばから
お腹が減る

600W
7分

明太子パスタ 🔪包丁 🌶辛い物

材料（1人分）

スパゲッティ（7分ゆで）
…100g（半分に折る）

熱湯…230㎖

バター…10g

A 明太子…1本（50g）
（薄皮を取り除く）

マヨネーズ…大さじ1

白だし…小さじ2

（※合わせておく）

作り方

1 耐熱ボウルにスパゲッティ、熱湯、バターを入れて（**a**）、ラップはかけずに電子レンジで7分加熱する。軽くほぐしてそのまま3分置き、余熱で火を通す。

2 **A**を加えて混ぜ合わせ、お好みで小口切りにした青ねぎときざみのりをかける。

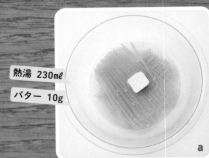

熱湯 230㎖

バター 10g

a

a d v i c e

辛いものが苦手な場合やお子さまが食べる場合は、たらこで作ってもOKです。

ナポリタンうどん

材料（1人分）

冷凍うどん（レンジ解凍時間 3 分30秒）… 1 玉
玉ねぎ… 1/10個（20g）（薄切り）
ピーマン… 1/4個（10g）（細切り）
ウインナー… 1 本（斜め切り）
A ┌ トマトケチャップ…大さじ 2
　　├ 顆粒コンソメスープの素…小さじ 1
　　└ にんにく（すりおろし）…小さじ1/3
塩・こしょう…各適量
バター…10g

作り方

1 耐熱ボウルに玉ねぎ、ピーマン、ウインナー、**A**を入れて混ぜ合わせる。冷凍うどんを上にのせてふんわりとラップをかけて（**a**）、5 分（うどんのパッケージの加熱時間＋ 1 分30秒）電子レンジで加熱する。

2 塩・こしょう、バターを加えて混ぜ合わせ、お好みできざんだパセリをかける。

トマトケチャップ　大2
顆粒コンソメスープの素　小1
にんにく（すりおろし）　小1/3

a

もちもち食感が
クセになる

600W
5分

advice

ほんの少しのにんにくがレンチンでもコクうま味に仕上げます。

きのこバターしょうゆうどん

材料（1人分）

冷凍うどん（レンジ解凍時間3分30秒）
　…1玉
ハーフベーコン
　…2枚（1cm幅に切る）
しめじ…⅓パック（30g）
　（石づきを落としてほぐす）

A｜しょうゆ…大さじ1
　｜みりん…小さじ½
　｜にんにく（すりおろし）
　｜…小さじ⅓
バター…10g

作り方

1　耐熱ボウルにベーコン、しめじ、Aを入れて混ぜ合わせる。冷凍うどんを上にのせてふんわりとラップをかけて（a）、5分（うどんのパッケージの加熱時間＋1分30秒）電子レンジで加熱する。

2　バターを加えて混ぜ合わせ、お好みで小口切りにした青ねぎをかける。

600W 5分

香りだけで
お腹がすいてくる

しょうゆ　大1
みりん　小½
にんにく（すりおろし）
小⅓

a

advice

今回はしめじを使いましたが、エリンギやしいたけなどお好みのきのこを使って作ってみてください。

カルボうどん

あっという間に
完食

材料（1人分）

冷凍うどん（レンジ解凍時間3分30秒）…1玉
ハーフベーコン
　…2枚（1cm幅に切る）
卵…1個
牛乳…100㎖
顆粒コンソメスープの素…小さじ½
にんにく（すりおろし）…少々
ピザ用チーズ…20g
塩…少々
黒こしょう…少々

作り方

1　耐熱ボウルにベーコン、牛乳、コンソメ、にんにくを入れて混ぜ合わせる。冷凍うどんを上にのせてふんわりとラップをかけて（a）、5分（うどんのパッケージの加熱時間＋1分30秒）電子レンジで加熱する。

2　ピザ用チーズと卵を加えてよく混ぜ、再びラップをかけて電子レンジで1分加熱する。

3　よくかき混ぜながら塩で味をととのえ、全体がとろっとなったら黒こしょうをふる。

600W 6分

牛乳　100㎖
顆粒コンソメスープの素
小½
にんにく（すりおろし）
少々

a

advice

3でシャバシャバの場合は、様子を見ながら30秒ずつレンチンしてください。

汁なしカレーうどん

包丁 🔪 辛い物 🌶️

カレーうどんの
新定番

600W
5分30秒

材料（1人分）

冷凍うどん（レンジ解凍時間3分30秒）
　…1玉（200g）
豚ひき肉…50g
A | 水…50㎖
　　　カレールウ…1かけ
　　　トマトケチャップ…大さじ1
　　　にんにく（すりおろし）…小さじ⅓
　　　しょうが（すりおろし）…小さじ⅓
温泉卵…1個
フライドオニオン…大さじ1

作り方

1 耐熱ボウルにひき肉と**A**を入れて混ぜ合わせる。冷凍うどんを上にのせてふんわりとラップをかけて（**a**）、5分30秒（うどんのパッケージの加熱時間＋2分）電子レンジで加熱する。

2 よくかき混ぜてから器に盛り、温泉卵とフライドオニオンをのせる。お好みで小口切りにした青ねぎをかける。

水　50㎖
カレールウ　1かけ
トマトケチャップ　大1
にんにく（すりおろし）
小⅓
しょうが（すりおろし）
小⅓
a

advice

仕上げにピザ用チーズをかけるとさらにジャンキー感が増します。

PART

7

……………………………………

オーブンなしで
お手軽！
デザート・おやつ

甘くてかわいいお菓子も、
オーブンではなくレンジでラクチン♪

……………………………………

#別腹スイーツも超簡単　#時短手作りおやつ

かんたん
サクホロ

スノーボールクッキー

600W
3分

🔪包丁

材料（3cmのボール10個分）
薄力粉…70g
砂糖…30g
きな粉…10g
米油（もしくはサラダ油）…30g
粉砂糖…適量

作り方

1 ボウルに薄力粉、砂糖、きな粉を入れて混ぜたら、米油を加えてこね、ひとまとまりにする。

2 一口サイズに丸め、オーブンシートを敷いた耐熱皿に並べて（**a**）ラップはかけずに電子レンジで3分加熱する。

3 冷まして固まったら粉砂糖をまぶす。

advice

・バターなしで作れるかんたんクッキーです。

・熱いうちは柔らかいですが、冷めるとちゃんと固くなります。

a

ほっこり
和スイーツ

600W
1分

豆乳きなこムース 🔪

材料（カップ2個分）

マシュマロ…50g
豆乳（無調整）…150㎖
きな粉…大さじ1
黒みつ…適量

作り方

1 耐熱ボウルにマシュマロと豆乳50㎖を入れて軽く混ぜたらふんわりとラップをかけて（**a**）、電子レンジで1分加熱する。

2 マシュマロを溶かしてから、残りの豆乳100㎖ときな粉を加えてホイッパーでよく混ぜたら（**b**）カップに入れ、固まるまで冷蔵庫で冷やす。

3 黒みつをかける。

advice

・豆乳を2回に分けて入れることで、全体が混ざりやすくなります。
・上はシュワシュワ、下はプルプルの2つの食感が楽しめます。

豆乳 50㎖
a

豆乳 100㎖
きな粉 大1
b

作ってすぐに食べられる

advice

・加熱時間はマグカップ2個を一度にレンチンした際の時間です。
・マグカップは今回、200㎖入る大きさのものを使用しました。

600W 2分30秒

マグカップ パンプディング

材料（マグカップ2個分）

食パン（8枚切り）…1枚（2㎝角に切る）
卵…1個
牛乳…150㎖
砂糖…小さじ1
バニラエッセンス…少々
メープルシロップ…適量

作り方

1 ボウルに卵を入れて溶きほぐしたら、牛乳、砂糖、バニラエッセンスを加えて混ぜ合わせる。食パンも加えてさっと混ぜる。

2 耐熱のカップに注ぎ入れ、ふんわりとラップをかけて（**a**）電子レンジで2分30秒加熱する。

3 仕上げにメープルシロップをかける。

材料（作りやすい分量）

りんご…½個（120g）
（縦半分に切り、芯の部分をスプーンなどでくり抜く）
砂糖…大さじ½
バター…5g
レモン汁…小さじ1
シナモンパウダー…少々

作り方

1 耐熱皿にりんごをのせ、芯をくり抜いた部分に砂糖、バター、レモン汁を入れ、中心に楊枝をさす。

2 ふんわりとラップをかけて（**a**）電子レンジで5分加熱する。仕上げにシナモンパウダーをかける。お好みでミントをのせる。

砂糖 大½
バター 5g
レモン汁 小1

advice

楊枝を使うことで、ラップにバターがくっつかず、ラップが溶けるのを防ぎます。

焼きりんご風

かわいくてジューシー

600W 5分

「え!?」って
思った?

600W
3分

ねっとり里いもジェラート

材料（作りやすい分量）

冷凍里いも…100g
クリームチーズ…45g
豆乳(無調整)(または牛乳)
　…100㎖
砂糖…30g
レモン汁…小さじ1
塩…ひとつまみ
バニラエッセンス…少々

作り方

1 耐熱ボウルに里いもをさっと水にくぐらせてから入れ、ふんわりとラップをかけて電子レンジで3分加熱する。

2 里いもが熱いうちに、残りの材料とともにミキサーかフードプロセッサーに入れてなめらかになるまでかくはんする（**a**）。

3 **2**を耐熱のポリ袋に入れて、空気を抜きながら平らにして口をとじ、金属製のバットなどに置いて（**b**）冷凍庫で4時間以上冷やす。

4 袋の外から手で揉んで溶かしながら器に盛る。

advice

・里いもは生のものを
　ゆでて使ってもOK
　です。
・よりねっとりした食
　感がお好みの方は豆
　乳を半量にすると◎。

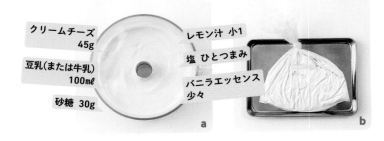

クリームチーズ
45g

レモン汁 小1

塩 ひとつまみ

豆乳(または牛乳)
100㎖

バニラエッセンス
少々

砂糖 30g

a

b

レンジ調理の お悩み解決Q&A

Instagramのフォロワーさん達から集めたレンジ調理のお悩みの中から、
特に多かったものにお答えしました。
レンジと上手に付き合うきっかけになると嬉しいです！

Q1 加熱ムラを減らすには
どうすれば良いですか？

A 1回で加熱しようとするとムラになりやすいので、私は、数回に分けてレンチンし、途中で混ぜたり向きを変えるような作り方にしています。

Q4 レンチン時間が長いと、
器が熱くて持てません。

A ミトンやふきんを使って持つようにして下さい。蒸気でやけどする恐れが一番あるのはラップを外す時なので、p.7で紹介したような耐熱のフタを使うのもおすすめです。

Q2 レシピの倍量で
作りたいのですが、
加熱時間や調味料の
分量がわかりません。

A まず、加熱ムラが発生しやすくなるため、一度に大量に作るのはおすすめできません。もし倍量にしたいなら、2回作るのがベストです。

Q5 野菜から水分が出て、
べちゃべちゃに
なりがちです…。

A 私の場合は、調味料は仕上げに入れるか、加熱のし過ぎも考えられるので、加熱時間を縮めてレンチン後の余熱を活用する作り方にしています。

Q3 チンする時に
ラップをかける場合と
かけない場合の違いって
なんですか？

A 基本的に、蒸気や熱が全体に回るようにラップをかけるのですが、水分を飛ばしたいメニューの時は、仕上げの段階でラップなしにすることもあります。

Q6 野菜がパサパサ・
シワシワになったり、
焦げたりしたことが
あります。

A これも加熱のし過ぎが主な原因かと思います。レンチン後の余熱の活用または水分の少ない野菜（じゃがいもなど）の場合は、少量（大さじ1程度）の水を入れてレンチンするとシワシワになりにくくなります。

Q7 肉の解凍が下手です。半解凍のまま調理して時間がかかったりします。

A 冷凍肉はあらかじめしっかり解凍しておくのが前提です。急ぐ場合は、ポリ袋に入れて流水解凍か、どうしてもレンジを使うなら解凍モードか一番低いW数（100〜200W）で解凍するようにしましょう。凍ったままでレンジ調理すると、パサついたり味が入らないなど、失敗の原因になります。

Q8 肉に熱が通ったか心配になります。中が生焼けだったことも…。

A 加熱が足りなければ、30秒ずつ様子をみながら加熱時間を追加してみてください。

Q9 お肉に熱が通り過ぎてカチカチになったことがあります。

A 肉に片栗粉をまぶすと、火の通りがゆっくりになり、固くなりにくいです。ここでも、加熱後の余熱を活用するとうまくいくと思います。

Q10 お肉を加熱すると灰汁のようなものがまとわりつくのですが、どうすれば良いですか？

A 加熱する時に水で濡らしたクッキングペーパーをかぶせると、余分な灰汁や脂を取り除いてくれますよ。

Q11 肉料理が獣臭くなる気がします。

A レンジ調理はフライパン調理に比べてにおいや味が残りやすいので、下味をしっかりつけたほうが良いです。また、外国産のお肉は臭いが強いことが多いため、できれば国産のお肉を使うのがおすすめです。

Q12 魚の生臭さが残る気がします。

A 肉同様、下味をしっかりつけることが大事です。また、臭みの強い青魚はレンジ調理には向かないです。

Q13 以前レンジでパスタを作ろうとしたら、スパゲッティが固まってしまいました…。

A 量が多い（2人分以上）と固まりやすいと思います。私は、水ではなく熱湯を使ったり、オリーブオイルを入れたりすることで、固まりにくくしています。

Q14 具材がくっついてしまいます。

A 具材に片栗粉をまぶすか、何回かに分けて混ぜながら加熱すると、くっつきにくいですよ。

ほっとひと息
スペシャルドリンク

おつかれさまです！
おうちカフェして
休憩しましょう♪

黒みつジンジャー
ほうじ茶ラテ 温

ほっこり
温まる

600W
2分

材料（2杯分）
ほうじ茶のティーバック…1個
熱湯…50mℓ
牛乳…150mℓ
しょうが（すりおろし）…小さじ½
砂糖…小さじ1
黒みつ…5〜10g

作り方

1 耐熱の計量カップなどにティーバックと熱湯を入れて濃いめのほうじ茶を作る。

2 1に牛乳、しょうが、砂糖を加えて電子レンジで2分加熱する。仕上げに黒みつを加えてよく混ぜる。

advice

ほうじ茶は紅茶に代えても！　ティーバックでも甘くて優しいドリンクが完成します。

はちみつレモンラッシー 冷

混ぜるだけ
かんたん

レンジ
なしで
おいしい

材料（1人分）
プレーンヨーグルト…100g
はちみつ…大さじ1
牛乳…50mℓ
レモン汁…大さじ1
氷…適量

作り方

1 グラスに⅓の量のヨーグルトとはちみつを入れて混ぜ、しっかりとなじませる。

2 残りのヨーグルトと牛乳、レモン汁、氷を加えて混ぜ合わせる。お好みでミントの葉を飾る。

advice

おうちにあるものでかんたんに作れるラッシーのレシピです。

おわりに ──たくさんの感謝を込めて──

「主婦って気楽そうでいいな」
恥ずかしながら、独身時代はずっとそう思っていました。

ところが結婚・出産し、実際に自分がなってみると、想像していた世界とはかけ離れた現実が待っていました。

生まれた頃から日中も夜間もなかなか寝てくれず、片時も目を離せない娘の世話に、寝不足になりながら追われる毎日。今までと同じように家事をしていたら倒れてしまう。一人で子どもの面倒を見ながらでも夕飯の支度ができるようにするために、工程をどんどん省いて火を使わず最小限でできる方法を模索していきました。

はじめのうちは、「とにかく何かできればいいや」ぐらいの感覚で、仕上がりは後回しに考えていました。
ところが、自分で納得のいっていないものを誰かに食べさせることがどうしても許せず、「こうしたらもっとおいしくなるかも？」と、今までの知識や経験を総動員して工夫と改良を重ね、今のラクうまレシピが誕生しました。
これなら子どもを見ながらでもできるし、家族もおいしいと言って食べている。積み上げてきた過去の経験に初めて感謝できた瞬間でした。

そんなとき、SNSで料理を発信して活躍している人がいることを知り、「私も自分のレシピを発信して、同じように苦しんでいる人に届けたい。誰か一人ぐらいは助けてあげられるかもしれない」と思うようになりました。

そんな思いからはじめたSNSが、まさかこんなにたくさんの方に見てもらえるようになるなんて、当時の私からしたら想像もつかなかったこと。
いつも応援してくださる皆さまには本当に感謝しています。

「これなら私でも作れそう」「家族にも大好評でした」とメッセージをいただくたびに「必要としてくれる人に届いてよかった。少しは役に立てたかもしれない」と思え、また頑張ろうという気持ちにさせてもらっています。

レシピ投稿をご覧の皆さま、制作に関わってくださった方々、たくさんの方に支えられて出版となったこの本が、一人でも多くの方のお役に立てますように。

まゆこ

超絶手抜きなのに家族がどハマり！
奇跡のレンジおかず202

2023年3月15日　初版発行

著者	まゆこ
発行者	山下 直久
発行	株式会社KADOKAWA
	〒102-8177　東京都千代田区富士見2-13-3
	電話0570-002-301 (ナビダイヤル)
印刷所	凸版印刷株式会社

●お問い合わせ
https://www.kadokawa.co.jp/ （「お問い合わせ」へお進みください）
※内容によっては、お答えできない場合があります。
※サポートは日本国内のみとさせていただきます。
※Japanese text only

定価はカバーに表示してあります。